CHRISTIAN BATTEUX - ALAIN LECORRE

MOTOS, TECHNOLOGIES ET PILOTES

ANNÉES 80

UNE DÉCENNIE DE PERFORMANCES

MOTO journal
Casa éditions
moto revue

Éditeur : Damien Bullot
Directrice de fabrication : Amélie Revill
Directeur commercial : Xavier Belrose
Direction artistique : Caroline Laleta Ballini / Studio So What Co., Ltd.
Couverture : Dorian Danielsen

12 rue Mozart, 92110 Clichy
ISBN : 9-782-38058-600-8
Dépôt légal : octobre 2025

PRÉFACE

DES ANNÉES SANS LIMITE 100 % DÉBRIDÉES

Débridées, « sans limites », les années 80 sont assurément celles de la démesure. Côté look, côté pub, côté politique, côté technique, bien sûr. Un seul maître mot prévaut : la performance. Le monde accélère, la vitesse est mise en avant dans beaucoup de domaines, les murs et les records tombent. Bien sûr, la moto n'échappe pas au tsunami et s'engouffre avec bonheur dans ce tourbillon à la vitesse de la lumière. Tout le monde repousse ses limites. Les constructeurs, les concessionnaires, les organisateurs. Ça part dans tous les sens, la machine s'emballe et le gouvernement frappe un grand coup en instaurant, le 30 novembre 1984, la maudite loi des 100 ch pour juguler les ardeurs de ce petit monde motard qui n'en fait qu'à sa tête (nous avions déjà refusé de payer une vignette au tout début de la décennie…). Bien sûr, ce coup de frein étatique ne jugule en rien l'envie générale.

Moto Revue ridiculise le Train à Grande Vitesse (fierté ferroviaire nationale) sur Paris-Marseille, Thierry Sabine pose son Dakar sur un piédestal en traversant le Ténéré, et les motos de production continuent d'afficher des valeurs proches de celles des machines de course. Carénages intégraux, gros freins, gros cadres, gros pneus, grosses suspensions. Dans ce quatrième volet « Collection » des hors-série de Moto Revue Classic, nous avons voulu vous replonger dans cette décennie de folie. Des machines mythiques à l'essai (BMW R80 G/S, Kawasaki GPZ 750 Turbo, Yamaha 1200 Vmax, Suzuki GSX-R 750 et Honda RC30), plus de 30 motos des eighties passées en revue dont certaines voient encore leur descendance perdurer (Honda Africa Twin, Yamaha Ténéré et Super Ténéré, Suzuki DR et Katana, BMW GS), le tour d'horizon des grands champions (de Spencer à Lawson, en passant par Mamola, Gardner, les frères Sarron, Lucchinelli, Tournadre, etc.) et des événements phares de la décennie.

Bref, un véritable pan de l'histoire de la moto. Une plongée dans les années 100 % débridées que l'on vous souhaite riche en émotions, en souvenirs et en histoires.

Alain LECORRE

SOMMAIRE

LE BRUIT ET LA FUREUR

OFF ROAD !

1980-1989

LA FLAMBE DES ANNÉES 80

Flambe, high-tech, excès en tout genre, frime et fric, les années 80 osaient tout et se sont un peu terminées en gueule de bois, mais elles restent encore fraîches et festives dans nos mémoires.

AC/DC
BACK IN BLACK

alain bashung pizza

SERGE
GAINSBOURG

Rita Mitsouko
Marcia Baila
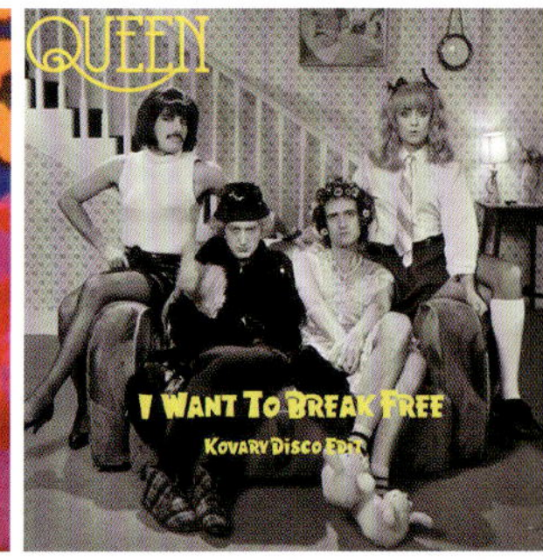
QUEEN
I WANT TO BREAK FREE

1

2

80's
BACK TO
OLDSCHOOL
PARTY
BACK
TO THE 80's
80s
BACK TO
Party
80's
BACK
To the

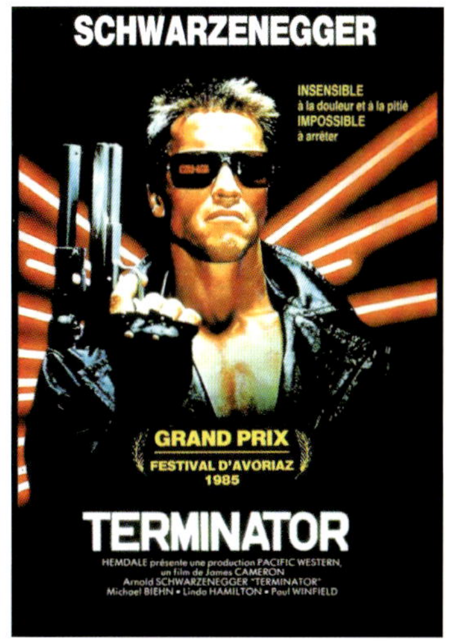

Récemment interrogé dans le cadre de l'album annuel de Reporters sans frontières qui lui est consacré (et dont les bénéfices seront reversés à RSF), l'artiste Jean-Paul Goude, concepteur, entre autres, du défilé monumental organisé sur l'avenue des Champs-Élysées en juillet 1989 pour le bicentenaire de la Révolution française, dit : « Les années 80 ont été celles de l'utopie du métissage, où personne, dans la culture, ne semblait se soucier de qui était noir ou qui était blanc. (…) Cette atmosphère de liberté et d'ouverture a disparu. Depuis, l'époque a changé. Les attitudes ont changé. Les jeunes ont changé. Les relations ont changé. Les mots ont changé aussi. "Appropriation culturelle", "décolonialisme", "racisé" sont des mots nouveaux, inconnus il y a 30 ans. » Tout ça pour dire que si aujourd'hui, la tendance est au repli sur soi ou sur sa « communauté », voire sur son « groupe ethnique », religieux ou autre, en revanche, les années 80 furent bel et bien festives, flamboyantes, frimeuses, excessives, sophistiquées, excentriques, les années lunettes noires, les années Jean-Paul Gaultier, Calvin Klein ou Benetton, les années des cheveux « peroxydés » (Billy Idol), « gélifiés » (les Cure) ou passés sous la coupe mulet (la nuque longue du premier champion du monde Superbike en 1988, l'Américain Fred Merkel, rappelez-vous), les années fluo, paillettes et strass, bref, les années « open bar ». Mais aussi les années high-tech avec la carte à puce, le compact-disc, le Macintosh, l'arrivée des ordinateurs dans nos bureaux, le high-tech qui, comme on le voit au cours des pages suivantes, débarque sur les motos de production, et se répand dans les foyers à la vitesse de l'éclair. Les années 80, ce sont également celles de l'argent roi, symbolisées aux États-Unis par les traders de Wall Street qu'on appelle les « yuppies », ou en France par Bernard Tapie, spécialiste du « sauvetage » d'entreprises en faillite… Comme d'habitude dans ce genre d'exercice de mémoire, nous avons choisi des balises afin de jalonner la décennie de l'actualité internationale et nationale, qui alterne entre le positif et le négatif, les bonnes et les mauvaises nouvelles, et que nous avons classées par ordre chronologique. Bon, autant vous le dire tout de suite, ça commence fort,

Entre Walkman (1), néons (2) traders de Wall Street (3) et arrivée des ordinateurs dans les bureaux (4), le ton des années 80 est donné.

avec l'assassinat à New York de John Lennon, le début de la guerre entre l'Iran et l'Irak (elle durera 8 ans), le boycott par les USA des Jeux olympiques de Moscou en représailles à l'invasion de l'Afghanistan par l'URSS en 1980, les attentats politiques contre le président américain fraîchement élu, Ronald Reagan, ancien acteur de série B, le pape Jean-Paul II et le président égyptien Anouar Al-Sadate (qui contrairement aux deux premiers, ne survit pas à l'attaque dont il est l'objet) en 1981. En France, un an après l'élection de François Mitterrand à la présidentielle, qui a fait voter l'abolition de la peine de mort dans les mois suivants, le gouvernement de Pierre Mauroy abaisse le temps de travail à 39 heures hebdomadaires, ainsi que l'âge de la retraite à 60 ans en 1982. Un an plus tard, les scientifiques découvrent le virus du SIDA, apparu en 1981. Une année 1983 également marquée par

« LES SEVENTIES, DÉCENNIE CRÉATIVE ET DÉLIRANTE, ÂGE D'OR DE L'HISTOIRE DE LA MOTO, SONNENT AUSSI LA FIN DE LA RÉCRÉ… »

le Boeing 747 de Korean Airlines, reliant New York à Séoul, abattu par un Mig soviétique à proximité de l'île Sakhalin, dans l'espace aérien de l'URSS (aucun survivant). Ce sont les derniers soubresauts belliqueux et paranoïaques de la Guerre froide. En 1984, réponse du berger à la bergère avec le boycott des JO de Los Angeles par l'URSS et ses pays satellites, et photo ô combien symbolique de François Mitterrand main dans la main avec le chancelier allemand Helmut Kohl à Douaumont en hommage aux combattants de la Grande Guerre. En 1985, élection de Mikhaïl Gorbatchev comme secrétaire général du Parti communiste d'Union soviétique ; en 1986, mort de Coluche, catastrophe nucléaire de Tchernobyl (près de Kiev en Ukraine) et série d'attentats à Paris, dont celui de la rue de Rennes, devant le magasin Tati (7 personnes trouvent la mort et 51 sont blessés). En 1988, attentat dit « de Lockerbie » : un Boeing de la compagnie Pan Am explose et s'écrase sur cette localité écossaise (259 morts dans l'appareil et 11 à terre), et libération des otages français retenus au Liban depuis plus de trois ans. Enfin, en 89, si le bloc soviétique commence à se fissurer par ses frontières avec la chute du mur de Berlin, la libéralisation des pays satellites et l'élection du syndicat Solidarnosc en Pologne (l'URSS s'effondrera en 1991), l'armée chinoise massacre les étudiants rassemblés pour manifester sur la place Tiananmen. *Communism is not dead,* pourrait-on dire à propos des dirigeants chinois.
Bon, on ne va pas se quitter comme ça, et pour boucler plus légèrement ce tour d'horizon décennal, allons voir ce qui s'est passé chez les artistes, et d'abord du côté des salles obscures.

Dans les années 80, ce sont les blockbusters qui s'imposent massivement, la saga *Star Wars* qui produit L'*Empire contre-attaque* (d'après George Lucas), celle d'*Indiana Jones* avec *Les Aventuriers de l'arche perdue* (Steven Spielberg), puis *Terminator* (James Cameron) ou *E.T.* (Steven Spielberg), des films à gros budgets qui récoltent des recettes records. Mais il faut aussi noter *Shining* (Stanley Kubrick), *Blade Runner* (Ridley Scott), *Amadeus* (Milos Forman), *Raging Bull* (Martin Scorcese), *Le Père Noël est une ordure* (Jean-Marie Poiré), *Le Grand Bleu* (Luc Besson), *Sexe, mensonges et vidéo* (Steven Soderbergh) ou encore *Le nom de la rose* (Jean-Jacques Annaud). Ça va déjà mieux, bien que beaucoup de ces œuvres ne soient pas spécialement joyeuses, mais nous terminons cette petite balade en chansons, hé oui, et là, étant entendu que c'est ce qui reste le plus longtemps en mémoire, vous allez voir que ces années 80 nous en ont réservé des vertes et des pas mûres. Commençons par du lourd si vous le voulez

1- C'est un Mig tel que celui-ci qui abat le Boeing coréen en 1983.
2- Le rideau de fer que symbolise le mur de Berlin éclatera à la fin de la décennie.

3- Après des années de lutte, le syndicat Solidarnosc remporte, en 1989, les élections législatives en Pologne.
4- C'est le 9 novembre 1989 que la chute du mur de Berlin est officialisée. Ses restes sont désormais des pièces historiques.

bien, avec – plus ou moins dans l'ordre chronologique – *Antisocial* (Trust), *Love Will Tear Us Apart* (Joy Division), *Once In A Lifetime* (Talking Heads), *Back in Black* (AC/DC), *Thriller* (Michael Jackson), *Vertige de l'amour* (Alain Bashung), *Let's Dance* (David Bowie), *Blue Monday* (New Order), *Born in the USA* (Bruce Springsteen), *Week-end à Rome* (Étienne Daho), *Purple Rain* (Prince), *C'est comme ça* (Les Rita Mitsuko), *Welcome To The Pleasure Dome* (Frankie Goes To Hollywood), *Rock The Casbah* (The Clash), *Cargo* (Axel Bauer), *Welcome To The Jungle* (Guns N'Roses), *Shout* (Tears For Fears), *I Want To Break Free* (Queen), *Jump* (Van Halen), ou *Beds Are Burning* (Midnight Oil)… En conclusion, nous vous proposons une petite sélection de derrière les fagots qui potentiellement pourrait vous occuper une bonne partie de vos nuits, vu que les morceaux choisis ont tous la faculté de s'ancrer dans le cortex de façon redoutable. On vous aura prévenus : « Elle a les yeux revolver » (Marc Lavoine), « Girls Just Want To Have Fun » (Cyndi Lauper), « Boule de flipper » (Corynne Charby), « En rouge et noir » (Jeanne Mas), « Les démons de minuit » (Images), « L'Aventurier » (Indochine), « Ville de lumière » (Gold), « Africa » (Rose Laurens), « Ève lève-toi » (Julie Pietri), « Still Loving You » (Scorpions), « Macumba » (Jean-Pierre Mader), « Voyage Voyage » (Desireless) ou, pour finir en beauté, « The Final Countdown » (Europe)… On vous l'avait dit, il y en avait pour tous les goûts. La boucle est bouclée depuis maintenant trente ans, mais elles résonnent encore à nos oreilles, les années 80.

> **« L'ÉPOQUE A CHANGÉ. LES ATTITUDES ONT CHANGÉ. LES JEUNES ONT CHANGÉ. LES RELATIONS ONT CHANGÉ »** JEAN-PAUL GOUDE

1980

LE BOYCOTT DE LA VIGNETTE

Cette année 1980 est marquée par de très nombreuses manifestations qui visent à protester contre l'imposition d'une vignette moto. C'est cette année-là que la Fédération des motards en colère est créée.

1

> « TOUTE L'ANNÉE, DES MANIFS À PARIS ET PARTOUT EN FRANCE SIGNALENT AU POUVOIR QUE LA MOTIVATION DES MOTARDS NE FAIBLIT PAS »

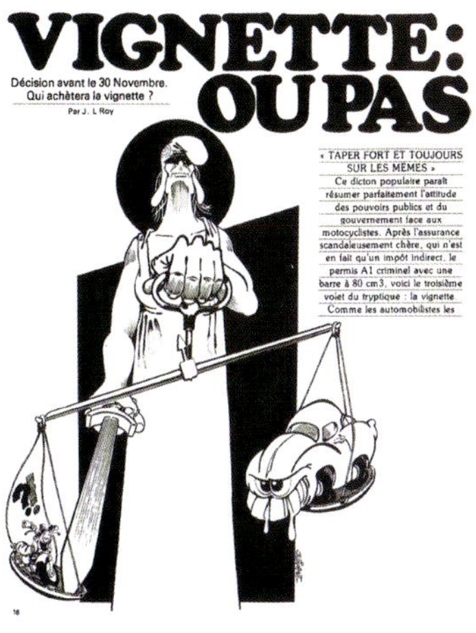
VIGNETTE: OU PAS

Décision avant le 30 Novembre. Qui achètera la vignette ?

Par J. L Roy

« TAPER FORT ET TOUJOURS SUR LES MÊMES » Ce dicton populaire paraît résumer parfaitement l'attitude des pouvoirs publics et du gouvernement face aux motocyclistes. Après l'assurance scandaleusement chère, qui n'est en fait qu'un impôt indirect, le permis A1 criminel avec une barre à 80 cm3, voici le troisième voiet du tryptique : la vignette. Comme les automobilistes les

2

3

4

Au début de l'année 1980, l'ambiance est plutôt tendue au sein de la population motarde de France. Les pouvoirs publics, par la voix du directeur de la Sécurité routière, Christian Gérondeau, ont laissé entendre que les motos de grosses cylindrées, qualifiées de « monstres dangereux », pourraient tout simplement être interdites de circulation sur le territoire. Le projet d'imposer une vignette moto s'ajoutant à la réforme en cours du permis de conduire, aux sempiternels problèmes de glissières de sécurité, de rainurages et de bandes blanches transformées en savonnettes à la moindre averse, les motards réagissent énergiquement à ce traitement de cheval. La Fédération française des motards en colère est créée en début d'année, et son but premier est donc de fédérer toutes les associations ou les moto-clubs de l'Hexagone pour renforcer l'efficacité du mouvement de protestation des motards. Jean-Marc Maldonado, qui fait partie de l'association des Motards Indépendants, se retrouve en première ligne et explique dans *Moto Revue* : « On a pensé à créer un organisme où chacun pourrait proposer ses idées. On a fait la FFMC à laquelle ont adhéré les Motards Indépendants, Moto Liberté de Lyon, SOS Moto Survie de Toulouse, les MC de Lille, de Dunkerque, des gars de Bordeaux et beaucoup d'autres. On n'est pas sectaires, les clubs FFM peuvent adhérer (les motards reprochent aux dirigeants de la FFM de rester à l'écart sans défendre la pratique de la moto, ndlr). On voulait faire en quelque sorte une Assemblée nationale des motards, reconnue par tous, dont les statuts seront déposés légalement et qui serait un véritable organe de défense. » Les premières Assises du mouvement motard sont organisées début février au Havre. On y vend un autocollant arborant un bras d'honneur, l'argent récolté devant servir à financer le collectif d'avocats chargés de défendre les motards. On y lance surtout le projet de Mutuelle des motards « pour court-circuiter les augmentations des primes d'assurance ». Les manifestations se succèdent, ainsi, le 23 mars 1980, jour d'inauguration de la Foire de Lyon, à laquelle le président de la République, Valéry Giscard d'Estaing, doit se rendre par hélicoptère pour y accéder. Tout au long de l'année, de nombreuses manifestations, à Paris et partout en France, signalent au pouvoir que la motivation des motards ne faiblit pas. Au cours d'opérations éclair, on monte des murs à la hâte pour bloquer l'accès à des perceptions, on masque la statue de la Liberté, on envahit pacifiquement le restaurant Maxim's, on sort du musée Grévin la statue de cire du président pour la balader durant la manif dans le panier d'un side-car… Et puis, l'élection présidentielle de mai 1981 approchant, le candidat socialiste, François Mitterrand, se déclare favorable à la suppression de la vignette moto. Il tiendra parole.

1, 4 et 5- Partout, la colère monte. À Paris, la statue de Giscard (alors en fin de mandat) est sortie du musée Grévin et emmenée sur une manif. Au revoir…
2- Dans Moto Revue, la colère gronde.
3- Au départ du Dakar 81 (qu'il va remporter), Hubert Auriol est solidaire du mouvement.
6- À chaque manifestation, les motards descendent nombreux, très motivés sur leurs intentions : la vignette ne passera pas !

5

6

CÔTÉ PUB

ÉVASION ET SÉDUCTION

Interdites de nos jours, les publicités pour les cigarettes sont omniprésentes à l'époque. Pour le reste, les « fils de pub » font feu de tout bois

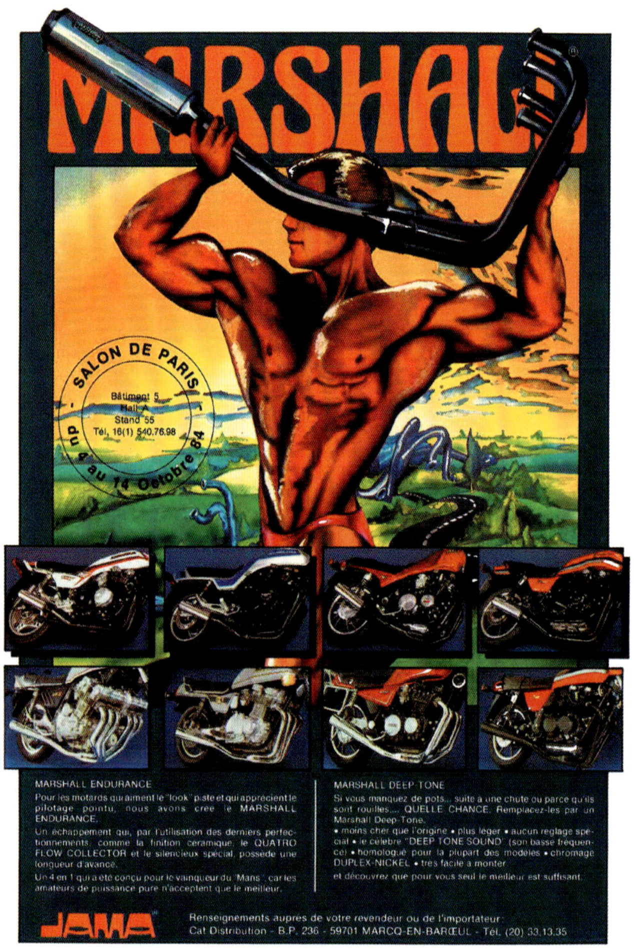

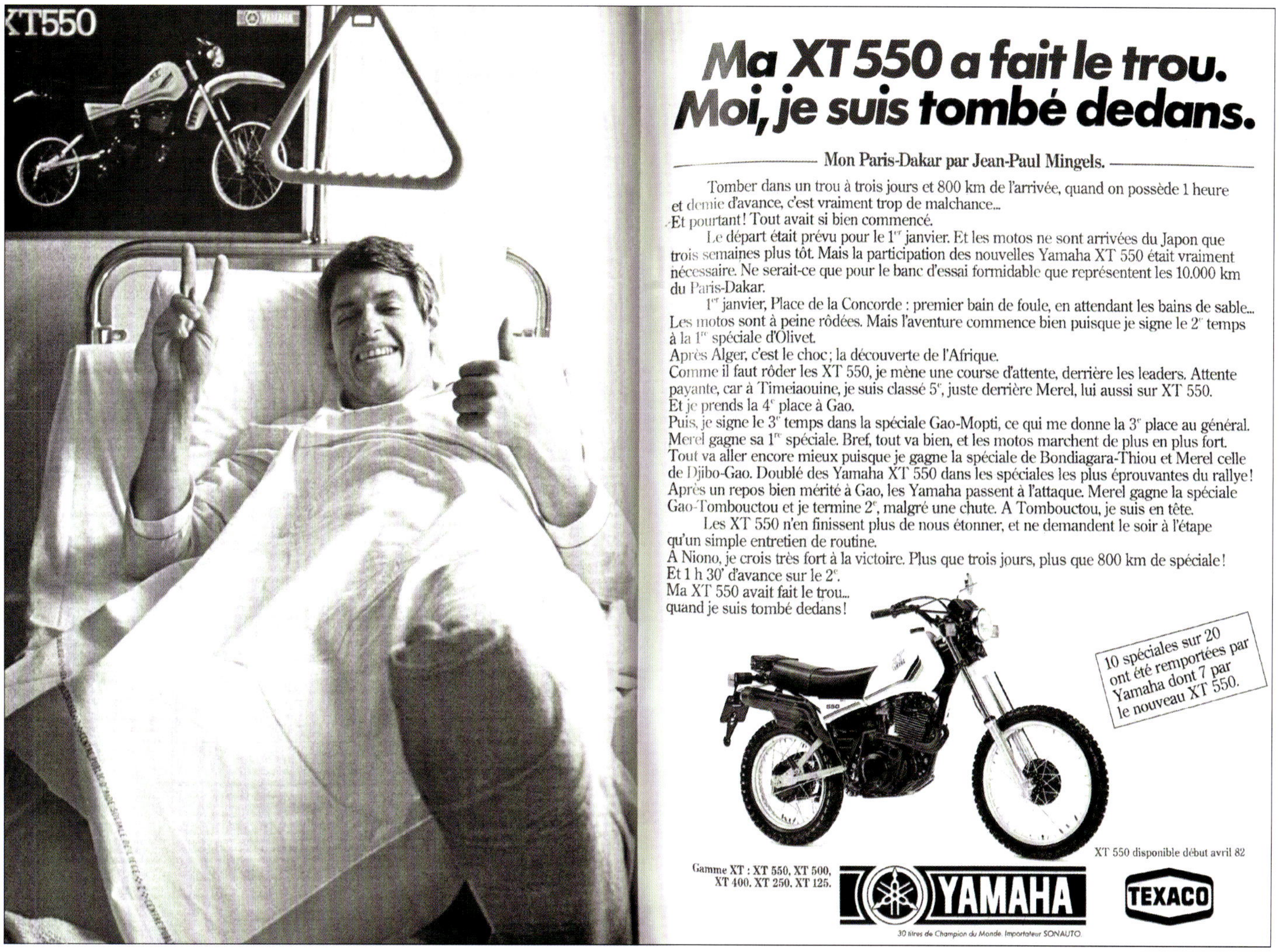
Ma XT 550 a fait le trou.
Moi, je suis tombé dedans.
Mon Paris-Dakar par Jean-Paul Mingels.
Tomber dans un trou à trois jours et 800 km de l'arrivée, quand on possède 1 heure et demie d'avance, c'est vraiment trop de malchance...
Et pourtant ! Tout avait si bien commencé.
Le départ était prévu pour le 1er janvier. Et les motos ne sont arrivées du Japon que trois semaines plus tôt. Mais la participation des nouvelles Yamaha XT 550 était vraiment nécessaire. Ne serait-ce que pour le banc d'essai formidable que représentent les 10.000 km du Paris-Dakar.
1er janvier, Place de la Concorde : premier bain de foule, en attendant les bains de sable... Les motos sont à peine rôdées. Mais l'aventure commence bien puisque je signe le 2e temps à la 1re spéciale d'Olivet.
Après Alger, c'est le choc ; la découverte de l'Afrique.
Comme il faut rôder les XT 550, je mène une course d'attente, derrière les leaders. Attente payante, car à Timeiaouine, je suis classé 5e, juste derrière Merel, lui aussi sur XT 550.
Et je prends la 4e place à Gao.
Puis, je signe le 3e temps dans la spéciale Gao-Mopti, ce qui me donne la 3e place au général. Merel gagne sa 1re spéciale. Bref, tout va bien, et les motos marchent de plus en plus fort. Tout va aller encore mieux puisque je gagne la spéciale de Bondiagara-Thiou et Merel celle de Djibo-Gao. Doublé des Yamaha XT 550 dans les spéciales les plus éprouvantes du rallye ! Après un repos bien mérité à Gao, les Yamaha passent à l'attaque. Merel gagne la spéciale Gao-Tombouctou et je termine 2e, malgré une chute. A Tombouctou, je suis en tête.
Les XT 550 n'en finissent plus de nous étonner, et ne demandent le soir à l'étape qu'un simple entretien de routine.
A Niono, je crois très fort à la victoire. Plus que trois jours, plus que 800 km de spéciale ! Et 1 h 30' d'avance sur le 2e.
Ma XT 550 avait fait le trou...
quand je suis tombé dedans !
10 spéciales sur 20 ont été remportées par Yamaha dont 7 par le nouveau XT 550.
XT 550 disponible début avril 82
Gamme XT : XT 550, XT 500, XT 400, XT 250, XT 125.
YAMAHA
TEXACO
30 titres de Champion du Monde. Importateur SONAUTO.

SPECIAL DETENTE
Chopper, léger, juste ce qu'il faut, californienne jusqu'au bout des leviers, c'est la machine vraiment sympa. Guidon grandes cornes, petit réservoir, énorme pneu arrière de 16 pouces, roues à bâtons, pots mégaphones, la XS 650 Spécial se paye une sacrée gueule. Son twin fabuleux pousse, faut voir, comme sur un rythme disco du tonnerre.
Avec elle, les virées décontractées, c'est le pied. Mais attention, jetez de temps à autre un coup d'œil au compteur, car la XS 650 Spécial ça déménage : 170 km/h mine de rien. Vous m'avez compris...
préconisation exclusive
26 titres de Champions du Monde. 400 Concessionnaires. Importateur exclusif Sonauto.
YAMAHA

Prenez la vie comme un rallye
Avec cet "ouragan sur 2 roues", Cyril Neveu a remporté en 82, les trois grands rallyes africains : le Paris-Dakar, l'Atlas et les Pharaons.
Vous, sans pour autant vous aligner au prochain Paris-Dakar, prenez la vie comme un rallye. Avec la XL 500 R, ou avec l'une de ses sœurs tout aussi triomphantes : la XL 125 R, la XL 250 R et la XL 400 R.
La Honda XL 500 R est présentée ici avec l'option "Kit Paris-Dakar" (réservoir 21 litres, selle banane, garde-boue élargi) qui se monte aussi sur les XL 250 R et XL 400 R.
HONDA MOTO
LA VICTOIRE D'UNE PASSION
HAUTEFEUILLE S.A

plein bol!
Comme Léon et Chemarin au Bol d'Or, faites le plein de sensations en pilotant plein pot la Honda 900 Bol d'Or. Comme la RCB dont elle est directement dérivée, la 900 ne compte déja plus ses victoires. 1er du Tour de France moto 79, elle a aussi remporté les Promosport vitesse 1000 cc, véritable Championnat de France toutes disciplines des machines de série. Comme Léon et Chemarin au Bol d'Or, vous piloterez sur la route un sacré cheval de bataille.
MOTO DE L'ANNEE 1979
HONDA
CB 900 BOL D'OR
1021 concessionnaires et agents partout en France. Garantie 1 an.

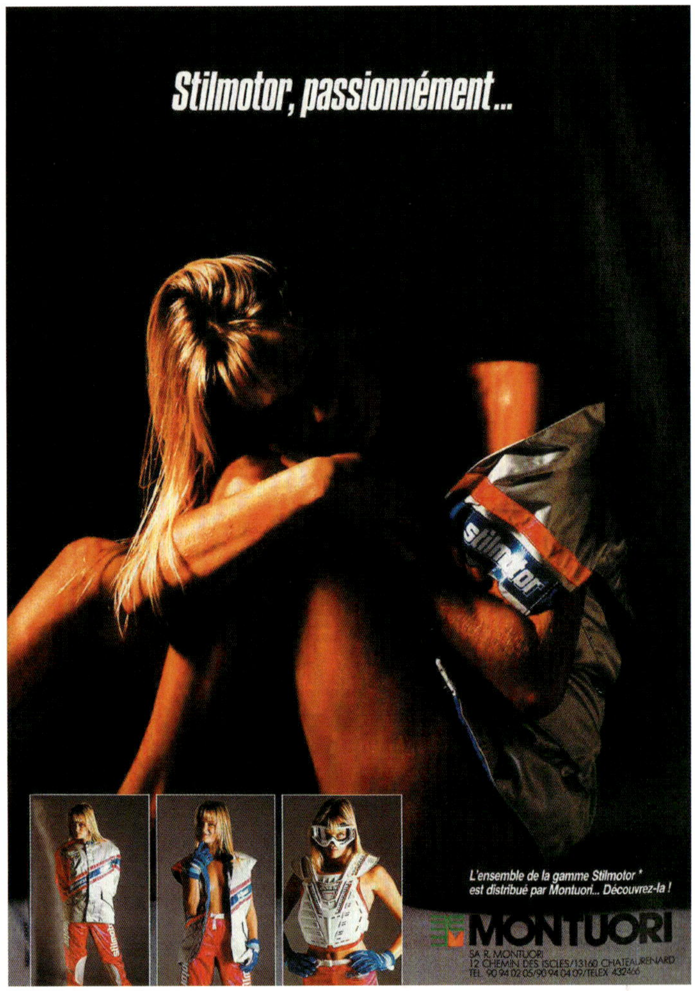
Stilmotor, passionnément...
L'ensemble de la gamme Stilmotor * est distribué par Montuori... Découvrez-la !
MONTUORI
SA R. MONTUORI
12 CHEMIN DES ISCLES/13160 CHATEAURENARD
TEL. 90 94 02 05/90 94 04 09/TELEX 432466

LA FUREUR DE VIVRE
MDS
CASQUES
MDS
MOTUL IMPORTE ET DISTRIBUE EN EXCLUSIVITÉ LA MARQUE MDS - MOTUL SA - 119, BOULEVARD FÉLIX-FAURE 93303 AUBERVILLIERS CEDEX - BP 94.

Quand je prends le départ d'un Grand Prix je suis extrêmement concentré. En course chaque détail prend une importance considérable. Pour moi, la sécurité commence par une parfaite visibilité quel que soit le temps.
Mais la sécurité c'est aussi le confort du casque.
Grâce à son système d'attache sans jugulaire le GPA SJ reste parfaitement maintenu sur la tête. Cette exigence je l'ai par professionnalisme. Mais, même en dehors des circuits la sécurité n'est pas un luxe.
Jacques BOLLE
Jacques BOLLE
"Je cours en GPA parce qu'il sait se faire oublier."
GPA
la référence.

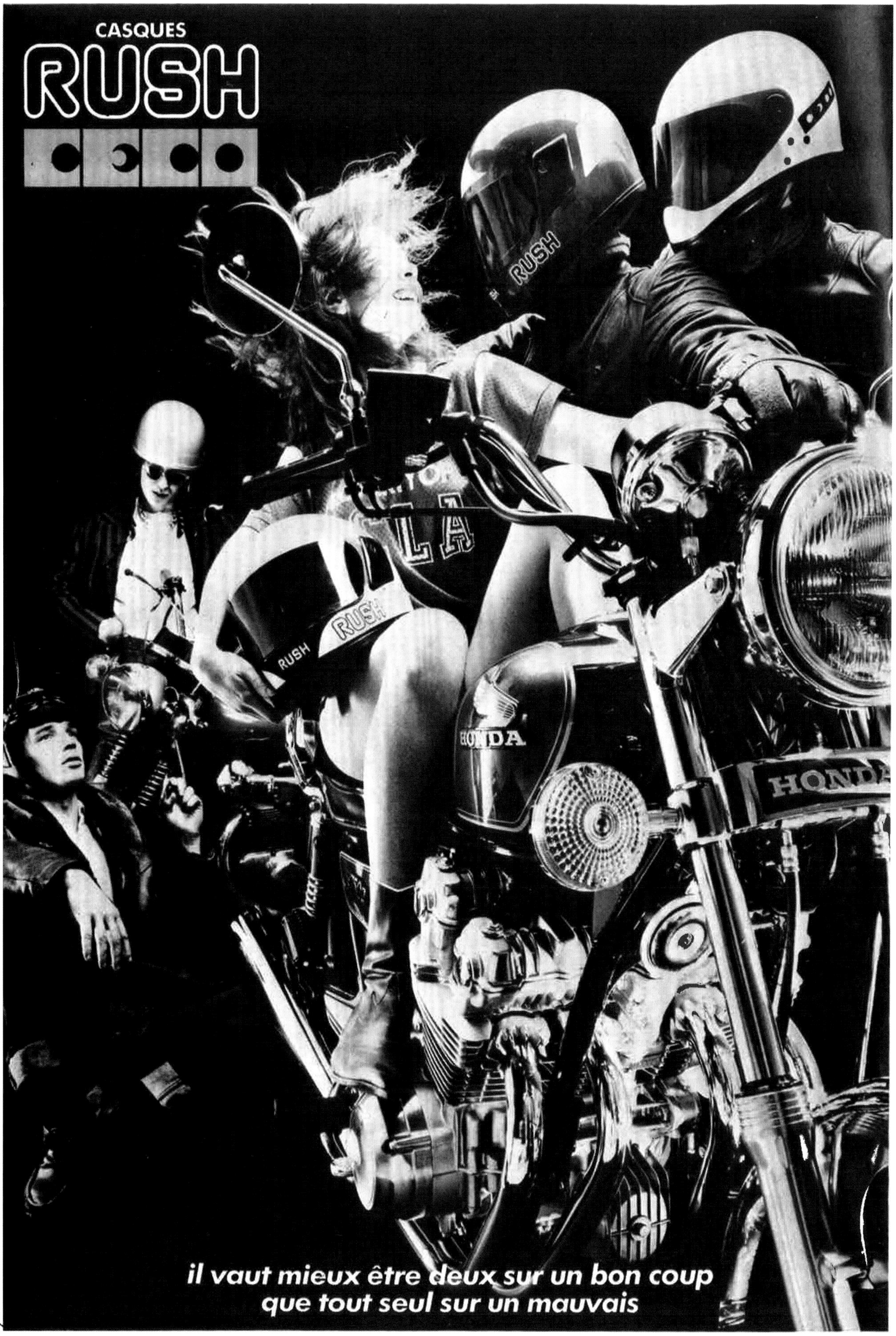

photo Beldicot ACCESSOIRES: SCOOTER - WESTERN HOUSE - STAND BASTILLE

> “DU MUSCLE, UN PEU D'ÉROTISME SUGGÉRÉ, DE L'HUMOUR ET DES PERFORMANCES SPORTIVES OU MÉCANIQUES : CE SONT LES ANNÉES 80.”

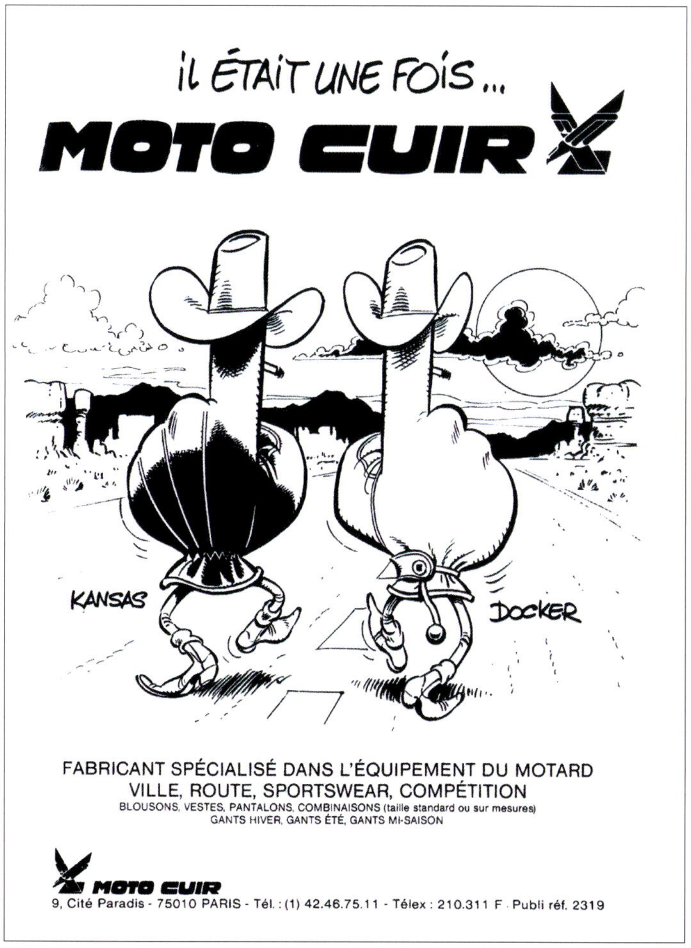

IL ÉTAIT UNE FOIS...
MOTO CUIR
KANSAS
DOCKER
FABRICANT SPÉCIALISÉ DANS L'ÉQUIPEMENT DU MOTARD
VILLE, ROUTE, SPORTSWEAR, COMPÉTITION
BLOUSONS, VESTES, PANTALONS, COMBINAISONS (taille standard ou sur mesures)
GANTS HIVER, GANTS ÉTÉ, GANTS MI-SAISON
MOTO CUIR
9, Cité Paradis - 75010 PARIS - Tél. : (1) 42.46.75.11 - Télex : 210.311 F - Publi réf. 2319

Nava te protège ...
Tous les essais ont prouvé que l'INTÉGRAL NAVA 2 assure une protection exceptionnelle.
Ce n'est pas le fruit du hasard, l'avance technologique des services de recherches NAVA et les contrôles de fabrication en sont la cause : NAVA est toujours la meilleure garantie de sécurité.
De plus, maintenant NAVA vous protège contre la buée.
Actuellement livré avec un flacon d'anti-buée gratuit.
même les plus courageux
sont prudents : casques NAVA
NAVA
protection pour le sport
Importateur : TEST sarl - 119, boulevard National - 13003 Marseille

VROOOP!
VROOOP!
Parce que votre moto peut, elle aussi, avoir une jolie voix !!!...
échappements devil
gie' devil Canam
BP 14
MARIGNIER 74130 Bonneville F
Télex 385 588 F
documentations
AUTO
MOTO
contre 6 F en timbres
Nom
Prénom
Rue
Localité
Code postal
Bureau distributeur
Pays
Tél ( )
Télex

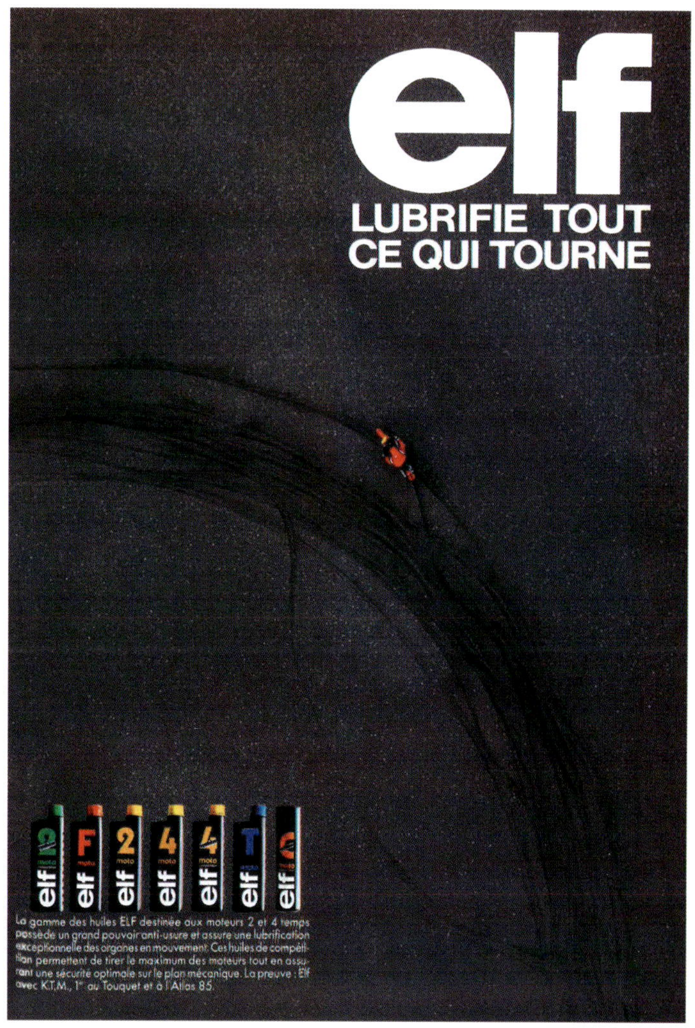

elf
LUBRIFIE TOUT
CE QUI TOURNE
La gamme des huiles ELF destinée aux moteurs 2 et 4 temps possède un grand pouvoir anti-usure et assure une lubrification exceptionnelle des organes en mouvement. Ces huiles de compétition permettent de tirer le maximum des moteurs tout en assurant une sécurité optimale sur le plan mécanique. La preuve : Elf avec K.T.M., 1er au Touquet et à l'Atlas 85.

LES MOTOS

QUI ONT FAIT CES ANNÉES-LÀ

1980

BMW R80 G/S

La toute première GS (« Gelände Sport » pour *« sport tout-terrain »*, ndlr) débarque en 1980. Une appellation qui baptise le plus gros trail du moment et va relancer BMW. Grâce à sa « GS », la marque allemande a créé une dynastie qui n'en fi nit pas de faire des petits !

« OUI, CETTE BMW N'EST PAS COMME LES AUTRES ET ÇA COMMENCE PAR SON LOOK BIGARRÉ... »

Si le modèle de l'ami Stéphane, ingénieur en informatique, est d'un magnifique bleu marine/selle orange, il faut se rappeler que le côté multicolore de cette nouveauté BMW (qui existe aussi en blanc/autocollant bleu et violet sur le réservoir/ selle orange) est un véritable ovni en 1980. Jusque-là, le seul point de couleur d'une BM, c'est le petit écusson bleu et blanc du réservoir. Pour booster l'impact de ce premier gros trail 800 cm^3 lancé sur le marché, le constructeur allemand choisit de casser les codes couleur de la marque et de frapper un grand coup. Oui, cette BMW n'est pas comme les autres, et ça commence par son look bigarré. Le reste est à l'avenant. Assez basse, visuellement en tout cas, pas beaucoup plus volumineuse que la concurrence trail de l'époque – les Yamaha XT 500 et XT 550 pour ne pas les nommer –, la BMW R80 G/S se positionne sur le créneau « tous chemins » avec

quelques arguments de poids. Un flat-twin de 800 cm^3 qui crache ses 50 ch – une première mondiale sur ce type de machines. Une boîte 5 rapports à la sélection étonnamment douce, un embrayage en bain d'huile plutôt souple, un grand guidon façon motocross, des suspensions tout-terrain à grands débattements (fourche télescopique à axe déporté à l'avant, mono-amortisseur à l'arrière), des freins de moto de route (simple disque AV de 264 mm pincé par un étrier Brembo, tambour simple came de 200 mm à l'arrière), une roue avant de 21 pouces (18 à l'arrière), une plaque phare et des garde-boue relevés. Le tout pour un poids qui n'excède pas les 190 kg tous pleins faits.

« Je ne fais que de la promenade "tous chemins" »

C'est compact, pas très haut, et pas effrayant du tout. C'est même tout le contraire, comme nous le confirme Stéphane, son heureux propriétaire : « J'ai toujours aimé la polyvalence de cette moto. On ne se fatigue pas dessus, on passe partout, on ne se met jamais en difficulté. » Stéphane, qui abat plus de 10 000 km par an au guidon de sa G/S est un cas à part car il n'a jamais roulé sur une autre moto. Jamais ! « J'ai commencé la moto à 18 ans sur une G/S. à l'époque, un ami s'est fait percuter, un gros carton qui va totalement changer sa vie. De mon côté, je venais de me mettre en couple, j'avais un projet de vie et j'ai logiquement arrêté la moto. J'y suis revenu il y a trois ou quatre ans. L'idée, c'était de retrouver une R80 G/S et de regoûter à ce plaisir. J'ai regardé en occasion mais les prix étaient astronomiques,

1- Assez longue de profil, la G/S est aussi plutôt compacte.
2- La R80 G/S est équipée du fameux Monolever et d'un silencieux 2-en-1 parfaitement silencieux justement.
3- Extrêmement à l'aise en tout-terrain, sur grande piste ou dans des secteurs plus « enduro », la G/S s'appuie sur une partie-cycle bien pensée et un moteur très souple.
4- Sélecteur avec renvoi (apparu pour la première fois sur les R80) et boîte qui ne craque pas quand on passe la première.
5- En novembre 1980, *Moto Revue* essaye la BMW R80 G/S pour la première fois. « Une BM pas comme les autres. » Assurément !

rien à moins de 11 000 €. Du coup, sur Internet, j'ai vu que Garry Burton, un Anglais spécialisé dans les Boxer, avait des motos qui avaient l'air OK à un prix que je pouvais financer. Je préférais prendre une moto complètement rénovée un peu plus chère, plutôt que de choisir une occase sur laquelle j'allais aller de mauvaise surprise en mauvaise surprise. » Du coup, Stéphane s'y remet avec gourmandise. « Je ne fais que de la promenade tous chemins, plutôt dans le Vexin, où il y a des petits parcours super sympas. Je ne roule vraiment pas vite, la performance n'est pas à l'ordre du jour. Mais avec la GS, je passe partout. » Et c'est vrai qu'elle est à l'aise en TT cette première G/S. Bien plus que ses grandes sœurs d'aujourd'hui, comme me le fait remarquer son propriétaire.

« La R80, c'est le max côté poids pour moi »

« Les motos modernes, les GS notamment, ne correspondent pas à ma pratique de la moto. Je les trouve monstrueuses. C'est trop haut, trop lourd, trop puissant. La R80, c'est déjà le max côté poids pour moi. » Il faut le reconnaître, la G/S est facile, hyper maniable, dotée d'un caractère moteur fait de douceur et de couple et passe à peu près partout sans forcer. Les suspensions font le boulot et le freinage est à l'avenant. à son guidon, on est à l'aise sur les grands chemins. Sur la route, la sensation est identique. Le premier gros trail BMW est un excellent compagnon. Très agréable même. D'abord parce que le constructeur allemand a diminué de 3 kg le système d'embrayage et ainsi réduit considérablement le couple de renversement du moteur qui faisait jusque-là osciller le flat dans le cadre des BM. Sur la G/S, ça ne swingue quasiment plus. Ensuite, parce que la boîte est précise, son étagement correct, et il n'y a pas de « klong » quand vous passez la première. Bref, la bête est confortable. Sur petite route, on appréciera la position de conduite très relax, la bonne rigidité de la partie-cycle, notamment du bras oscillant Monolever et la grande souplesse du bloc.

1- Profiter semble être la meilleure chose à faire avec ce premier gros trail du marché.
2- Le cardan et le simple came de 200 mm. Sobre et efficace.
3- Le flat crache ses 50 ch mais offre surtout une facilité d'utilisation exemplaire.
4- Starter en haut et commodo plastique « made in 80 ».
5- La petite tête de fourche tout en plastique n'est pas des plus esthétiques...
6- Le disque de 264 mm et son étrier Brembo.

Près de 40 ans sont passés et les GS sont partout...

En clair, pour rouler cool, quel que soit le chemin emprunté, c'est l'outil parfait. Mais n'est-ce pas là la définition exacte du trail-bike ? La G/S enroule tranquillement dans les petits virages et dans les grandes courbes et préférera être menée à mi-régime autour des 5 000 tr/min plutôt que d'être forcée sur un rythme trop sportif. En fait, ici, tout semble facile. En conclusion du 1er essai *Moto Revue* en 1980, Jean-Lou Colin semblait avoir bien saisi la philosophie de cette BM pas comme les autres. « La R80 G/S n'est pas plus une Schek replica (un enduriste qui roulait avec des BM à l'époque, ndlr) qu'une moto d'Afrique. C'est un gros trail de 800 cm3 issu des ex-R80 et qui profite de l'auréole sportive aménagée patiemment par la marque. Ce n'est pas une nouvelle moto, c'est la possibilité de faire autre chose d'une moto. L'idée de la G/S est bonne et on peut être sûr qu'elle va susciter des réactions. » Sûr, près de 40 ans sont passés et les BMW GS n'en finissent plus de se multiplier et de truster les meilleures ventes de la marque à travers le monde. Pas mal pour un coup d'essai. Mais au fait, Stéphane, tu changerais de monture si l'occasion se présentait ? « Je ne vois pas pourquoi je changerais, elle est parfaite ma R80. » Difficile de le contrarier sur ce point.

2

3

> « La R80, ce n'est pas une nouvelle moto, c'est la possibilité de faire autre chose d'une moto »

4

5

6

Fiche technique

▸ Puissance

50,2 ch à 6 500 tr/min, 5,8 mkg à 5 000 tr/min

▸ Moteur,

Bicylindre à plat, 4-temps, refroidi par air. Alésage x course : 84,8 x 70,6 mm.
Cylindrée : 797,5 cm3. Taux de compression : 8,2 à 1.
Carburateurs : 2 Bing de 32 mm à dépression.
Embrayage : multidisque en bain d'huile. Allumage : électronique.
Batterie, bobine, rupteurs : 12V.
Boîte de vitesses : 5 rapports. Démarreur électrique + kick.

▸ Partie-cycle

Cadre : double berceau tubulaire en acier.
Suspensions : AV : télescopique à axe déporté, débattement 200 mm.
AR : mono-amortisseur, réglable en précontrainte (3 positions), débattement 170 mm. Roues en alliage : AV : 3,00 x 21. AR : 4,00 x 18.
Freins : AV : simple disque ø 264 mm. AR : tambour simple came ø 200 mm.
Dimensions : Empattement : 1 465 mm. Hauteur de selle : 860 mm.
Garde au sol : 218 mm. Poids total : 167 kg à vide, 186 kg tous pleins faits.
Réservoir : en tôle de 19,5 litres, réserve : 2 litres.
Carter moteur : 2 litres d'huile.

R 80 G/S
3
BELL
BRIDGESTONE

1980

BENELLI 900 SEI

Un dernier coup d'éclat avant de tirer le rideau, mais de quelle manière ! Avec cette 900 Sei, Benelli n'a pas raté son coup, même si, commercialement étouff ée par l'emprise japonaise, cette machine fera une carrière modeste.

1

« TRÈS BIEN ÉQUILIBRÉE, ELLE NE FAIT PAS SES 900 CM³ NI SON POIDS (DE 220 KG À SEC), DONNANT L'IMPRESSION D'ÊTRE UNE PETITE MOTO »

2

3

1- Malheureusement pour la beauté italienne présentée en France en 1980 (ici la première version de 1978), deux autres 6-cylindres sont déjà sur le marché : la Honda CBX 1000 et la Kawasaki Z 1300. Pas facile de s'imposer...
2- Devant le Negresco, l'italienne flambe sur la promenade des Anglais.
3- La pièce maîtresse : son 6-cylindres !
4- La Benelli 900 Sei est bien équilibrée et se laisse mener avec précision.

4

Présentée en France en 1980, la belle italienne de 900 cm³ succède à la 750 cm³ sortie en 1972, et son moteur six-cylindres en ligne reste sa pièce maîtresse. L'Italie la propose depuis deux ans, mais cette année-là, en 1978, c'est aussi la date d'apparition d'une certaine Honda CBX 1000 six-cylindres, et tout le monde se doute bien à l'époque que la Benelli, aussi belle soit-elle, aura du mal à rivaliser avec Honda, qui est déjà le premier constructeur mondial à l'époque. Essayée par *Moto Revue* dans la région de Nice, sous le soleil de la Côte d'Azur, cette 900 Sei est introduite par un titre humoristique : « Les (six) pattes à l'italienne. » Flatteur au moment de faire le tour de la machine, dont le design est signé par l'Italien Ghia, le descriptif met l'accent sur le rouge éclatant de

la coque polyester divisée en deux parties, qui fait office de cache-réservoir, de caches latéraux et de selle.
La machine est belle, incontestablement. Mais le tableau se gâte cependant dès que l'on grimpe en selle, qui s'avère dure et dont le dessin anguleux est vite gênant, obligeant le pilote à écarter exagérément les jambes quand il pose pied à terre. Inaccessible depuis la selle, la béquille latérale se distingue, elle aussi, par son manque de praticité. Heureusement, dès la mise en route, la magie du moteur six-cylindres opère, et c'est encore mieux lorsqu'on quitte la ville et ses embouteillages pour la route, la vraie, où s'expriment enfin les qualités de la belle Benelli. Très bien équilibrée, elle ne « fait pas » ses 900 cm³ ni son poids (de 220 kg à sec), donnant l'impression d'être une petite moto. La garde au sol, rehaussée grâce à l'adoption d'un échappement six-en-deux et à une modification de l'emplacement du moteur dans le cadre, permet d'évoluer de façon sportive sur le couple de ce moteur fantastique mais sans lui rentrer dedans, et cela fait de la 900 Sei une machine plutôt sobre (7,5 litres aux cent en moyenne). La tenue de route est impeccable, le freinage au diapason de ce comportement irréprochable et jouissif, bref, tout baigne au pays de Benelli… Mais bien sûr, nous connaissons la suite de l'histoire : le rêve n'a pas duré longtemps, interrompu brutalement par l'hégémonie japonaise déjà établie à ce moment de l'histoire.

Fiche technique

› Puissance

80 ch à 8 400 tr/min

› Moteur, partie-cycle

6-cylindres en ligne, 4-temps, refroidi par air, 906 cm³, couple 7 mkg à 8 900 tr/min. Carburateurs Dell'Orto PHF ø 24 mm. Transmission par chaîne. Cadre tubulaire double berceau. Fourche télescopique ø 38 mm, 2 amortisseurs arrière. Frein AV double disque ø 280 mm, frein AR simple disque ø 200 mm. Roues de 18". Réservoir 22 litres. Poids à sec : 220 kg.

1981

HONDA CX 500 TURBO

Sous la direction du grand patron, Honda, culturellement, reste avant tout un motoriste. Après la CB 750, la CX 500 puis la CBX 1000, la marque le prouve une nouvelle fois avec cette CX 500 Turbo.

1

> « HONDA SERA LE SEUL CONSTRUCTEUR À CHOISIR UN V2 COMME BASE DE TRAVAIL »

2

3

4

1- Le turbo, logé devant les cylindres, impose un énorme circuit de refroidissement et un radiateur plus gros. Malgré tout, ce nouvel habillage trouve sa place sous le carénage de la CX.
2- 78 ch à 8 000 tr/min pour le V2 500 cm³, soit autant que les 750 4-cylindres de l'époque.
3-La Honda CX 500 est la première moto turbocompressée de série. Beaucoup d'espoirs et peu de retours...

Il a fallu six ans à une équipe d'une quinzaine d'ingénieurs pour accoucher de ce nouveau projet d'envergure signé Honda. Pas moins de 230 brevets ont été déposés pour cette machine high-tech. Interrogés lors de la première prise de contact de la machine, sur la piste de Tochigi, à une centaine de kilomètres de Tokyo, les ingénieurs en chef de ce projet déclarent : « Il nous aurait été très facile de fabriquer un turbo sur un quatre-cylindres comme la 1100 R. On peut imaginer très facilement en tirer 200 ch. Mais nous ne voulons pas continuer cette course à la sur-puissance. La cylindrée de 500 cm3 permet une puissance suffisante pour faire jeu égal avec les 750, voire les 900, tout en conservant une maniabilité certaine. Nous avons aussi voulu commencer par le plus difficile : un bicylindre en V. Cette expérience nous permet

Côté finition, la CX Turbo a été très soignée par les ingénieurs japonais. Dommage que les perfs espérées n'aient pas été au rendez-vous et que la conso, elle, fut bien trop excessive.

d'avoir tous les éléments pour adapter le turbo à n'importe quelle moto. » La CX 500 Turbo est pensée dans les moindres détails et par rapport au modèle atmosphérique, elle dispose d'un énorme circuit de refroidissement avec un nouveau radiateur, une nouvelle pompe à eau, des nouvelles durites, un ventilateur électrique commandé par thermostat et même un spoiler dessiné sur le garde-boue avant pour diriger le flux d'air vers le moteur. Le côté high-tech se retrouve jusqu'au tableau de bord, équipé en plus des compteurs et compte-tours habituels d'une jauge à essence électrique, de témoins de réserve d'essence, de pression d'huile, de phare, de point mort et d'injection, d'une montre à affichage numérique, d'un indicateur de pression du turbo à cristaux liquides et aussi d'un thermomètre précisant la température du circuit de refroidissement. Mais au-delà d'une véritable prouesse technique portant la patte du premier constructeur mondial, cette CX 500 Turbo, quasiment aussi lourde qu'une grosse cylindrée, moins performante et moins sobre, a en plus de cela le défaut majeur d'être vendue à un prix exorbitant, sans même parler de son coût d'entretien. La greffe ne prendra pas auprès du public.

Fiche technique

▸ Puissance

78 ch à 8 000 tr/min

▸ Moteur, partie-cycle

Bicylindre en V à 80°, 4-temps, refroidi par eau, 497 cm³, couple maxi 7,5 mkg de 4 500 à 7 500 tr/min.
Alimentation par injection électronique directe Nippon Denso. Turbocompresseur I.H.I. Pression de suralimentation 0,9 bar, régime maxi 150 000 tr/min.
Transmission par cardan.
Cadre ouvert en tubes à épine dorsale.
Fourche télescopique hydraulique à assistance pneumatique avec système anti-plongée, déb. 130 mm, suspension arrière Pro-Link déb. 100 mm.
Frein AV double disque ø 260 mm, frein AR simple disque ø 180 mm.
Roues AV/AR : 2,50" x 18 / 2,75" x 18.
Réservoir 20 litres.
Poids tous pleins faits : 262 kg.

1981

DUCATI 600 PANTAH

Évolution de la version 500 cm^3, la Ducati 600 Pantah, confrontée par Moto Revue à la Suzuki 650 Katana, fait mieux que tenir son rang face à la japonaise. L'Europe est encore debout.

1

« LA PANTAH EST DÉVELOPPÉE PAR FABIO TAGLIONI, PÈRE DU BICYLINDRE EN L ET DU SYSTÈME DESMODROMIQUE »

2

Présentée dans *Moto Revue* durant l'automne 1981 dans le cadre d'un face-à-face avec une Suzuki 650 Katana, la Ducati 600 Pantah est aussi et surtout une évolution du modèle précédent de 500 cm³, et se trouve d'office classée en tant que machine sportive. Car c'est au guidon d'une 600 Pantah bien sûr préparée pour la course (avec notamment une suspension arrière de type Cantilever) que le Britannique Tony Rutter a remporté le titre de champion du monde TTF2, en quelque sorte l'ancêtre du championnat du monde Supersport que l'on connaît aujourd'hui. La culture de la grande maison italienne reste à dominante sportive, les grandes victoires de prestige récoltées par Paul Smart (les 200 Miles d'Imola en 1972) et Mike Hailwood (Tourist Trophy en 1978) sont encore dans les mémoires. Alors, sur l'élan de la 500 Pantah, cette 600 cm³ se trouve automatiquement auréolée d'une réputation

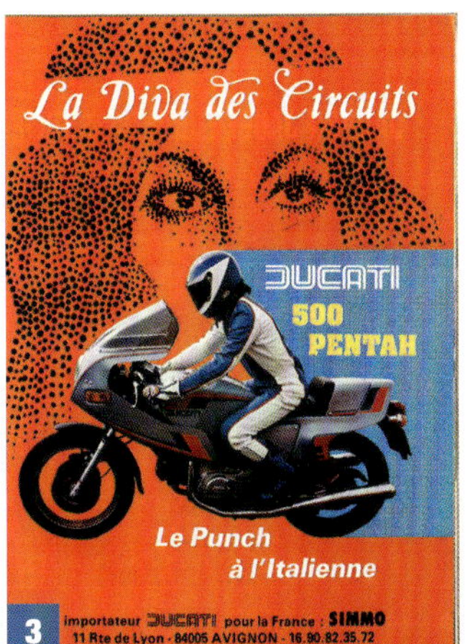

3

La 500 SL de 1979 est la 1re Pantah à hériter d'une transmission par courroie crantée et d'un treillis tubulaire. 1 et 2- La 600 gagne en puissance (8 ch) et en reprises.

flatteuse au moment de sa confrontation avec la « petite » Katana. Bien équipée, avec un carénage doté de spoiler (un très lointain avant-goût des carénages de MotoGP actuels !), un double disque de grand diamètre (280 mm), son moteur développe dans cette cylindrée la puissance de 58 chevaux, soit 14 de moins que sa rivale japonaise.

« Un moteur pratiquement parfait »

Mais la différence, pourtant défavorable a priori, n'est pas aussi tranchée que les chiffres bruts pourraient le laisser croire, et au contraire, on vante à l'époque un moteur « pratiquement parfait, avec du couple dès les plus bas régimes, de la puissance toujours utilisable, peu de vibrations, de très hauts régimes possibles mais pas nécessaires, enfin un moteur pour se faire plaisir ». Bien sûr, sa nature sportive ne fait pas de cette Pantah une moto confortable, et sa part d'ombre est à chercher du côté d'un rayon de braquage « gigantesque », de l'absence de béquille latérale et d'une paire d'amortisseurs beaucoup trop fermes. Mais au bout du compte, l'italienne sort la tête haute de son match avec la japonaise, la conclusion étant, dixit l'essayeur de *Moto Revue*, qu'il est « intéressant de constater qu'une machine européenne peut, encore aujourd'hui, faire pratiquement jeu égal avec l'une des dernières créations nippones ». En 1981, ça ne semblait en effet pas si évident que cela.

Fiche technique

Puissance

58 ch à 8 500 tr/min

Moteur, partie-cycle

Bicylindre en V à 90°, 4-temps, refroidi par air, 583 cm³, couple 4,1 mkg à 7 000 tr/min. Taux de compression 9,5 à 1. Carburateurs Dell'Orto PHF ø 36 mm. Transmission par chaîne. Cadre tubulaire double berceau, moteur suspendu. Fourche télescopique Marzocchi, déb. 130 mm, deux amortisseurs, déb. 94 mm. Frein AV double disque ø 280 mm, frein AR simple disque ø 260 mm. Pneus AV/AR : 3,25" x 18/4,00" x 18. Réservoir 22 litres. Poids à sec : 188 kg.

1981

SUZUKI 1100 KATANA

Avant-gardiste et radicale de par son look et son comportement dynamique, cette machine singulière n'a pas vraiment trouvé son public à l'époque mais Suzuki l'a cependant ressortie l'an dernier sur une base de roadster actuel.

1

> LE "SABRE DE SAMOURAÏ" N'A FINALEMENT TRANCHÉ QUE LES ESPOIRS DES DIRIGEANTS DE LA MARQUE...

2

3

Plus exactement dénommée GSX 1100 S, cette Katana – dont chacun sait qu'en japonais, ce terme signifie « sabre de Samouraï » – a été dessinée par le styliste allemand Arthur Muth, patron de Target Design. Si une version 650 cm^3 un peu plus conventionnelle est aussi disponible, cette grosse cylindrée frappe bien sûr les esprits par son look avant-gardiste – tellement même qu'en 2018, Suzuki a ressorti une Katana issue du modèle roadster GSX-S 1000… Garde-boue avant, tête de fourche, réservoir, caches latéraux et selle font de cette moto un engin sur lequel on se retourne dans la rue, et qui pose les bases du design radical qui prévaut aujourd'hui sur la plupart des roadsters du marché moto. Mais à l'époque, on la présente comme une machine sportive. On précise même que le carénage de tête de fourche a fait l'objet d'une longue étude dans les souffleries du carrossier Pininfarina, pour garantir une pénétration dans l'air

4

1 et 3- Un look très osé qui n'a pas convaincu.
2- Tableau de bord très moderne pour l'époque. Trop peut-être…
4- Reconnaissable entre toutes, la Suzuki 1100 Katana n'a pas connu le succès attendu.

optimale. Mais l'essai de la bête de Hamamatsu infirme assez rapidement cette vocation de pistarde.
Lourde, handicapée par ses suspensions « dures comme des bouts de bois », elle se révèle pataude et physique à piloter. Inséré « dans » la moto (c'est nouveau à l'époque), sur une selle inconfortable, on ressent les moindres aspérités de la route, et dès lors que celle-ci est bosselée ou que son revêtement se dégrade, c'est le rodéo assuré. Mais comme on l'écrit très justement à l'époque, « à quoi sert la Katana, alors ? À rien ! La vocation de cette moto n'est pas de "servir" mais de faire plaisir à l'heure et à l'endroit voulu. Plaisir de posséder un objet rare, beau et prestigieux. Ce n'est pas un moyen de locomotion, c'est une moto et seulement une moto. »
Vous nous direz, c'est le lot de beaucoup de motos, anciennes ou contemporaines. C'est même ce qui pourrait définir le mieux l'objet de notre passion à tous. Accessoirement, elle dépote » salement : « Sur la route, rien ne peut vous résister. » Marginale, la Katana 1100 est une sorte d'ovni de la production moto. Elle le restera, mais son influence n'a jamais cessé de se faire sentir.

Fiche technique

Puissance

111 ch à 8 700 tr/min

Moteur, partie-cycle

4-cylindres en ligne, 4-temps, refroidi par air, 1 047 cm^3, couple 8,89 mkg à 6 500 tr/min. 4 carburateurs à dépression Mikuni BS 34 SS. Transmission par chaîne auto-lubrifiée.
Cadre tubulaire double berceau. Fourche télescopique oléopneumatique avec système anti-plongée, déb. 150 mm, suspension arrière oscillante avec amortisseurs multiréglable déb. 108 mm.
Frein AV double disque ø 275 mm, frein AR simple disque ø 275 mm.
Pneus AV/AR : 3,50" x 19 / 4,50" x 17.
Réservoir 21 litres.
Poids tous pleins faits : 254 kg.

1981

HONDA CBX 1000 PRO-LINK

Apparue en 1978, la CBX 1000 pâtissait d'une partie-cycle sous-dimensionnée par rapport à son moteur 6-cylindres. Cette version Pro-Link venait donc remédier au problème.

1

« ELLE A FAIT UN VÉRITABLE TABAC AUPRÈS DES CONNAISSEURS, DES AUTRES ET DE TOUS LES MÉLOMANES AVANT MÊME LE WALKMAN »

Rappelons en préambule que cette machine d'exception se singularise avant tout par ce moteur six-cylindres en ligne, à propos duquel on ne résiste pas au plaisir de livrer un extrait du premier essai de la Honda CBX 1000 Pro-Link paru dans *Moto Revue*, qui insiste sur cette pièce d'orfèvrerie mécanique : « La CBX 1000 est apparue sur le marché français il y a trois ans. Exactement comme le CB 750, elle a fait un véritable tabac auprès des connaisseurs, des autres et de tous les mélomanes avant même le Walkman (sic). Non seulement les deux arbres à cames en tête, les 24 soupapes, les six carburateurs à dépression, les cinq vitesses fonctionnent à merveille dans ce bain d'huile, mais tout ce formidable Meccano qui tourne visiblement à l'aise dans ses carters prend plaisir à le faire et il le dit. Cette musique inimitable du six-cylindres et du CBX en particulier commence par

1- En 1981, la CBX 1000 hérite d'une partie-cycle remaniée. Efficacité et performances sont au rendez-vous.
2- De face le 6-cylindres reste discret.
3 et 4- L'équipement est complet et les six Keihin à dépression de 29 mm sont là pour gaver les gamelles de la bête.
5- Carénage plus carré, roues à bâtons, fourche plus grosse (39 mm), la CBX 1000 Pro-Link propose une suspension à mono-amortisseur dernier cri. Et ça change tout.

une sorte de feulement dès 2 000 tr/min pour éclater vers 10 000 tr/min dans une finale paroxystique à vous mettre tous les doigts de pied en éventail. Inoubliable. » Le revers de cette belle médaille, c'est bien sûr la partie-cycle, un peu dépassée par les événements. D'où l'apparition de cette version dotée de la suspension arrière dite Pro-Link, installée un an plus tôt sur les 500 cm³ alignées en championnat du monde de motocross, et qui a passé brillamment cet examen redoutable. Le principe est simple : un amortisseur unique fixé directement sur le cadre en partie haute et sur un étrier pivotant sur le bras oscillant relié à une biellette inférieure ancrée sur le cadre en partie basse. Grâce à cette biellette, la suspension bénéficie d'une flexibilité variable, absorbant en souplesse les petites inégalités de la route et évitant de talonner sur les obstacles plus importants à haute vitesse. Le diamètre des tubes de fourche passe de 36 à 39 mm et la moto est équipée d'un demi-carénage. La CBX 1000 Pro-Link a cependant pris une vingtaine de kilos dans l'opération, et réserve avant tout ses charmes aux grands espaces plutôt qu'aux petits tourniquets, plus « grande routière » que jamais.

Fiche technique

▸ Puissance

100 ch à 9 000 tr/min

▸ Moteur, partie-cycle

6-cylindres en ligne, 4-temps, refroidi par air, 1 047 cm³, couple 8,5 mkg à 7 500 tr/min. 6 carburateurs Keihin à dépression ø 29 mm avec pompe de reprise. Transmission par chaîne. Cadre type Diamant. Fourche télescopique ø 39 mm déb. 160 mm, suspension arrière Pro-Link déb. 105 mm. Frein AV double disque ø 236 mm, frein AR simple disque ø 296 mm. Roues AV/AR : 2,50" x 19 / 2,75" x 18. Réservoir 22 litres. Poids tous pleins faits : 293 kg.

1981

BFG 1300 ODYSSÉE

Entamée en 1978, l'épopée de la marque française BFG se concrétise avec cette Odyssée 1300, une moto de grand tourisme dotée d'un moteur de Citroën GS. Une aventure qui ne durera pas longtemps.

1

« SUR LE PLAN DYNAMIQUE, LA MACHINE PRÉSENTE DE BONNES QUALITÉS ROUTIÈRES, UN MOTEUR INTÉRESSANT »

Après plus de deux ans de gestation, de prototypes en voie de développement, une version définitive de la BFG 1300 opportunément baptisée « Odyssée » sort enfin des ateliers de BFG, l'acronyme des trois hommes associés dans ce projet made in France, à savoir Boccardo, Favario et Grange. Entre-temps, Boccardo a cependant quitté le navire pour créer sa propre marque : la MF, qui sera équipée d'un moteur de Citroën Visa.
La BFG, elle, est propulsée par un moteur de Citroën GS. Au début des années 80, cela fait plus de vingt ans que les marques de motos françaises ont disparu, laissant les constructeurs anglais, italiens et allemands continuer l'aventure et recevoir de plein fouet les premières secousses venues d'Extrême-Orient. Repartir de zéro pour bâtir un tel projet n'a pas été simple, sur le plan industriel aussi bien que financier. Il a fallu en effet trouver des sous-traitants, s'accorder avec eux, faire de nombreux essais, bref, tout cela a pris du temps. Pour le moteur, BFG aurait pu opter pour un quatre-cylindres en ligne, mais des problèmes d'encombrement et d'emplacement des périphériques comme l'allumage, l'alternateur ou la pompe se posaient, sans parler du refroidissement liquide. L'option Citroën était la plus logique, et comme on l'écrit à l'époque, « ne voulant pas faire une 2 CV à deux roues, BFG a choisi le moteur de la GS ». C'est donc une moto de grand tourisme vouée à rivaliser avec les Honda GoldWing, BMW R 100 RT ou Moto Guzzi 1000 SP. Son tarif se situe d'ailleurs sous celui de la BMW mais au-dessus des deux autres citées ici. Sur le plan dynamique, la machine présente de bonnes qualités routières, un moteur intéressant bien que générant une chaleur excessive, un freinage et un confort général très satisfaisants. La conclusion de son essai est assez positive : « Ce n'est ni une grosse m… ni la moto qui va redresser notre balance commerciale (sic), mais elle pourra prendre sa place dans un créneau plus important qu'on ne le croit. » Las, les difficultés financières auront raison de l'existence de la marque française.

1- Étonnament, les capacités dynamiques de la BFG étaient plutôt bonnes.
2- La première BFG, un modèle 1200.
3- Construite pour concurrencer les Honda GoldWing et autre BMW R 100 RT, la BFG affichait un look… assez déconcertant. Le designer de la bête n'a certainement pas fait fortune.
4- Gros plan sur le bloc de Citroën GS. Eh oui, on n'avait pas de pétrole, mais des idées bizarres parfois…
5- Scoop : la moto française fait la Une de *Moto Revue*.

Fiche technique

Puissance

70 ch à 5 500 tr/min

Moteur, partie-cycle

4-cylindres à plat type Boxer, 4-temps, refroidi par air, 1 299 cm^3, couple 10,4 mkg à 3 250 tr/min. Carburateur Solex double corps. Transmission par arbre et joint tripode. Cadre tubulaire en acier, boîte porteuse. Fourche téléhydraulique déb. 175 mm, suspension arrière oscillante avec amortisseurs De Carbon, déb. 105 mm. Frein AV double disque Brembo ø 300 mm, frein AR simple disque Brembo ø 260 mm. Roues AV et AR : 2,15" x 18. Réservoir 23 litres. Poids à sec : 265 kg.

1982

HONDA CX 500 TURBO

« Honda doit tirer le premier » dans la mode naissante et éphémère des motos à turbo. La 500 CX sera à jamais la première moto à Turbo.

2

3

4

Alors que la presse découvre sur les podiums du Salon de Cologne en 1980 la Honda CX 500 Turbo, elle n'arrivera finalement qu'un an et demi plus tard. Première machine équipée d'un turbo, Honda n'avait pas lésiné sur les moyens, avec 230 brevets déposés par les quinze ingénieurs qui avaient planché sur le sujet pendant six ans... Dans le *Moto Journal* spécialement dédié à l'essai, voilà comment se résumait l'arrivée de cette machine «"Honda doit tirer le premier". Tel est le mot d'ordre au service recherche et développement de la marque qui a mobilisé tous ses efforts sur la 500 CX Turbo. Un dur et triple pari : imposer sur le marché un produit et une technique nouvelle ; devancer toutes les marques concurrentes qui, elles aussi, travaillent sur le turbo, et faire dès le départ mieux que ce que les autres projettent en exploitant les technologies les plus avancées. Avec sa cylindrée de 500 cm³ seulement et son moteur V

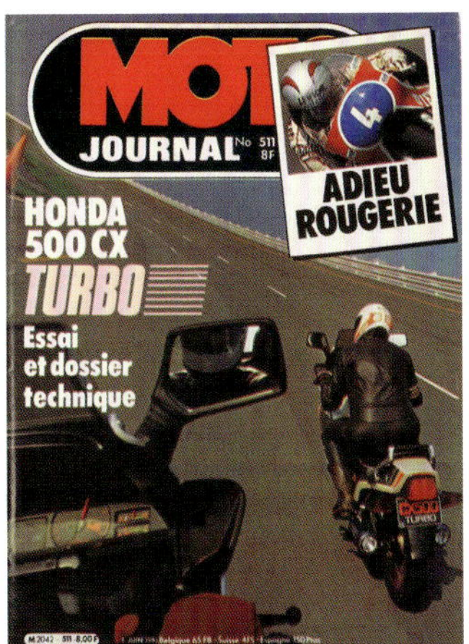

1- Sensationnelle, la CX 500 Turbo est une attraction pour la presse.
2- Honda tente le turbo et veut que ça se sache quand vous regardez dans le rétro.
3- L'affichage du turbo sur une planche de bord typique des années 80.
4- Le fameux Turbo

Twin, Honda a voulu commencer par le cas le plus difficile, mais une telle 500 Turbo qui rivalise en performance avec les 1000 et annonce des consommations inférieures à celles de CX standard peut lui apporter les plus grands succès.» Avec son petit gabarit et son turbo à 0,9 bars de pression qui permettait de passer de 50 chevaux à 78 chevaux, la CX Turbo avait gagné en vitesse de pointe mais les reprises étaient moins bonnes que sur la version de base. Un comble ! Quant à la consommation, elle peinait à descendre sous les 10 l/100 km et se révélait donc supérieure à celle des grosses cylindrées, malgré une injection électronique dernier cri. Et si on attendait une machine très maniable, ses 262 kg tous pleins faits, son centre de gravité plus haut et un empattement allongé à cause d'une chasse augmentée n'ont pas rendu la tâche facile. Heureusement, l'équilibre général était tout de même au rendez-vous, comme le confort ou la protection. Avec un prix de vente exorbitant (bien plus élevé que celui d'une grosse cylindrée de l'époque) sans afficher les performances escomptées, la 500 CX Turbo, puis la 650 ne connurent jamais le succès, tout comme les Yamaha XJ 650, Suzuki XN85 et Kawasaki GPZ 750, concurrentes turbocompressées également. Si le concept ne trouva pas son public, il alimenta quand même tous les fantasmes des motards.

Fiche technique

▸ Puissance

78 ch à 8 000 tr/min

▸ Moteur, partie-cycle

bicylindre en V à 80°, 4-temps, refroidi par eau, simple ACT, 8 soupapes, 497 cm³, couple : 7,5 mkg à 7 500 tr/min. R. vol/alim. : 7,2 à 1 / injection électronique et turbocompresseur à 0,9 bar. Transmission par chaîne. Cadre en tubes et tôle emboutie à épine dorsale et moteur suspendu. Boîte : 5 rapports. Fourche télescopique, déb. 130 mm, simple réglage/monoamortisseur Pro-link, déb. 100 mm, simple réglage. Freins AV/AR : 2 disques ø 260 mm, étriers 2 pistons, 1 disque ø 250 mm, Pneus AV et AR : 18 pouces / 18 pouces. Réservoir (réserve) : 20 l (NC). Poids : 262 kg pleins faits.

1982

KAWASAKI Z 1000 J

Fort d'un double succès en 1981 et 1982 au championnat Superbike Américain avec Eddy Lawson, Kawasaki décline une version grand public de la Z1000.

« C'EST BIEN LA J QUI RESTERA COMME LA MOTO LA PLUS RAPIDE À CETTE ÉPOQUE »

2

3

4

5

Auréolée du titre de moto la plus rapide du monde en 1982, la Kawasaki Z 1000 J est pourtant restée plutôt discrète, ses lignes somme toute classique. Pourtant, derrière cette timidité affichée, se cachait un 4 cylindres en ligne de 998 cm³ développant 102 chevaux à 8 500 tr/min distillant une force naturelle exceptionnelle propulsant la Z 1000 J à 228 km/h, ce qui en faisait, à sa sortie, la machine de production la plus rapide du monde. Pour cela, Kawasaki reprit bon nombre d'éléments de la machine de compétition championne du monde d'endurance en 1981 avec Raymond Roche et Jean Lafond. Si la saga Z débuta en 1972 avec la Z1 et son 900 cm³ plus que costaud, la Z1R, sortie en 1977, s'était montrée légèrement décevante, notamment à cause d'une plastique trop typée Café Racer. La Z 1100 GP en 1981 corrigea le tir. Sur cette base, et

1- En 1982, la Z1000 se paye une version R avec notamment cette tête de fourche si caractéristique. et 2- Malgré son embonpoint, la Z 1000 se montre maniable pour l'époque. 3 et 4- La ligne sage cache un moteur rageur. 5- Un bon vieux tableau de bord avec compteur analogique.

en abaissant la cylindrée pour répondre aux exigences du championnat de Superbike américain, la Z 1000 J vit le jour 1982 en repoussant les limites face aux Honda VF 1000 R et autres Suzuki GS 1000 S. Malgré un embonpoint certain et une hauteur de selle assez élevée, la Kawasaki se montrait très maniable en action. Bien suspendue, confort et tenue de route étaient au diapason du 4 cylindres. Godier-Genoud, les sorciers de l'endurance lui collèrent un carénage, ce qui permit de faire grimper les performances et d'abaisser la consommation. Puis vint La Z 1000 R aux couleurs Eddy Lawson. Comme le qualifia Jean Lou Colin dans le *Moto Journal* 580 : « Nous nous sommes toujours plu à reconnaître les nombreuses qualités de la Kawasa 1000 J. Mais nous avons toujours déploré dans le même temps sa présentation banale qui ne reflète ni son tempérament fougueux ni sa grande homogénéité. Heureusement, Eddie Lawson est arrivé (...) ce qui a conduit l'usine à réaliser une 1000 J EL Replica. Fabriquée à une trentaine d'exemplaires (...) malgré un prix élevé, elle s'est arrachée en un clin d'œil. Surprise par ce succès, l'usine n'a pas tardé à réaliser l'avantage qu'il y avait à tirer de cette image au niveau de la série. C'est ainsi que fut créée pour notre plus grand plaisir la Z1000R ». Pour autant, c'est bien la J qui restera comme la moto la plus rapide à cette époque.

Fiche technique

Puissance

102 ch à 8 500 tr/min

Moteur, partie-cycle

4 cylindres en ligne, 4-temps, refroidi par air, 998 cm³
Couple : 9 mkg à 7 500 tr/min.
Distribution : double ACT, 8 soupapes. R. vol/alim. : 9,2 à 1/4 carburateurs. Boîte : 5 rapports.
Transmission par chaîne.
Cadre double berceau tubulaire en acier.
Susp. AV/AR : fourche télescopique, déb. 160 mm, simple réglage / deux amortisseurs, déb. 100 mm, double réglage.
Frein AV : 2 disques ø 236 mm
Frein AR : 1 disque ø 236 mm.
Pneus AV/AR : 19 pouces – 18 pouces.
Réservoir (réserve) : 21 litres (4 litres).
Poids : 251 kg pleins faits.

1982

SUZUKI GSX 1000 S KATANA

La Suzuki 1100 Katana est devenue mythique sur le tard.
Plutôt boudée à sa sortie en 1982, elle souffrait
d'une ligne trop originale et d'un cruel manque de confort.

1

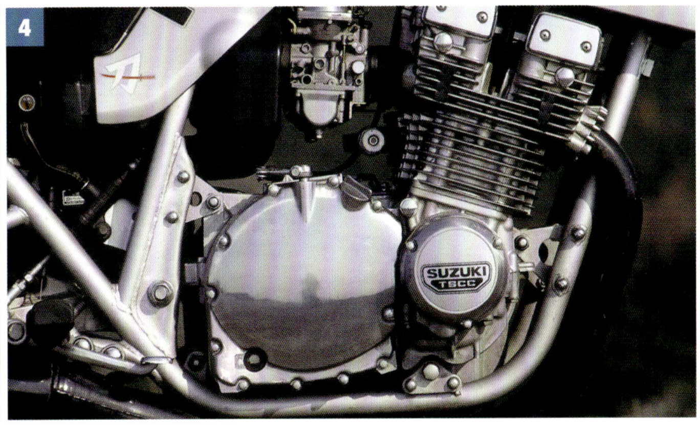

La Suzuki 1100 GSX au design désormais célebre, dit également « lame de sabre ». Une moto aux lignes torturées, mais néanmoins élégantes, dans sa robe gros métal. Les formes agressives et originales ont été intelligemment gommées par le choix de coloris très « bon chic, bon genre ». Quoi qu'il en soit cette machine ne laisse personne indifférent, et les réactions engendrées par sa vue sont éminemment passionnelles. On aime, ou on n'aime pas. » Par ces quelques lignes, *Moto journal* plante le décor lors d'un face à face avec la HONDA CB 1000 R, autre machine atypique. Alors qu'une 650 Katana était apparue quelques mois auparavant, c'est bel et bien la version 1100 qui sera l'une des surprises de 1982. Les lignes dessinées par l'Allemand Hans Muth, taillées à la serpe, ne laissaient aucune place au consensus. Cette esthétique particulière l'a autant servie que desservie. Mais au moins, elle ne laissait personne indifférent... Malgré un niveau de performance élevé, les choix techniques choisis pour répondre au cahier des charges du designer l'ont plus desservie qu'autre chose. Sa tête de fourche sans protection, ses deux guidons bracelet réduisant considérablement l'angle de braquage, et sa selle comme une planche à pain nuisent considérablement au confort du pilote. Plus à l'aise sur les routes parfaitement revêtues, voire les circuits des Promosports, la Katana s'appuie sur le 4 cylindres de GS 1100 standard, revu et surtout boosté par 11 chevaux supplémentaires pour afficher 110 chevaux, disponibles sur toute la plage d'utilisation grâce notamment à ses 16 soupapes et ses nouveaux arbres à cames. L'essayeur de *Moto Revue* de l'époque était dithyrambique : « Souple, onctueux, élastique, le moteur n'est jamais brutal, mais dès les plus bas régimes, il fait preuve d'une vigueur tout à fait extraordinaire. » Mais si le moteur souffle le chaud, les suspensions jettent un froid avec une raideur causée par le système anti-plongée à l'avant. Malgré cela, la stabilité restait l'un des points forts de cette Katana, grâce à son centre de gravité placé assez bas, malgré les 254 kilos de la Katana. Autre grief, le freinage n'était pas à la hauteur. Pourtant presque quarante ans après sa sortie, la Katana reste l'un des symboles de l'audace d'une usine japonaise cherchant à se démarquer.

1- Wes Cooley, pilote américain au guidon de la Katana avec le n°34, ce qui inspira Kevin Schwantz quelques années plus tard.
2- La Suzuki Katana et sa tête de fourche au design si tranché mais... si inefficace
3-Le tableau de bord réduit à un seul boîtier gardait l'esprit d'une esthétique originale.
4- Le 4 cylindres 16 soupapes était un modèle de force et d'onctuosité.

FICHE TECHNIQUE

▸ Puissance

111 ch à 8 700 tr/min

▸ Moteur, partie-cycle

4 cylindres en ligne, 4-temps, refroidi par air, 1 074 cm³, couple : 8,89 mkg à 6 500 tr/min. Distribution : double ACT, 16 soupapes. Cadre double berceau tubulaire en acier. Boîte : 5 rapports. Transmission par chaîne (15 x 42). Susp. AV/AR : fourche télesc.,déb. 150 mm, simple réglage/ 2 amortisseurs, déb. 108 mm, double réglage. Freins AV : 2 disques ø 275 mm, frein AR : 1 disque ø 275 mm, Pneus AV/AR : 100/90 x 19 – 130/90 x 17. Réservoir : 21 litres (4 l). Poids : 254 kg avec les pleins.

Kawasaki
turbo

1983

KAWASAKI GPZ 750 TURBO

C'est le dernier modèle turbocompressé sorti en production dans les années 80. C'est aussi le plus rigolo avec son agrément moteur vraiment exceptionnel.

> « À 3500 TOURS, IL COMMENCE À S'ÉBATTRE. PUIS IL POUSSE FURIEUSEMENT DE 5000 À 10000 TR/MIN. »

6 7

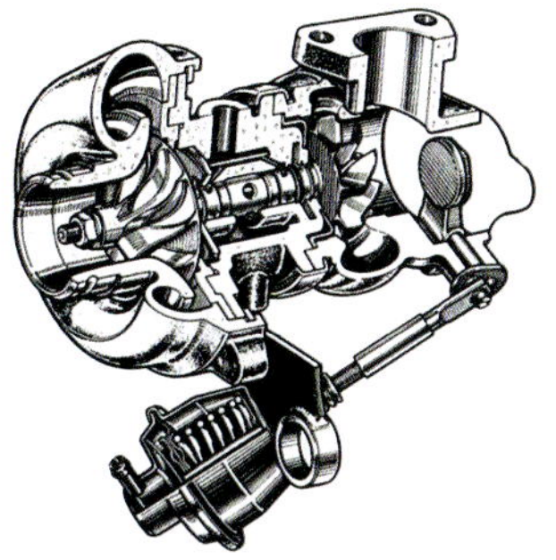

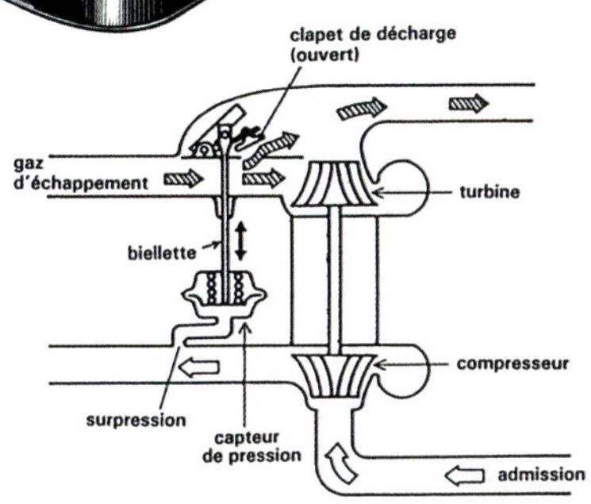

Les quatre constructeurs japonais se lancent sur le créneau de la suralimentation au début des années 80. On retrouve, dans l'ordre : la Honda CX 500 en 1980, la Yamaha XJ 650 et la Suzuki Xn 85 en 1982, la Honda CX 650 et la Kawasaki GPZ 750 en 1983.
Et si le concept « turbo » génère une grande excitation, les machines n'arriveront jamais à couvrir le spectre fantasmé par les motards de l'époque : « La puissance d'une 1000 ou d'une 1100 dans une partie-cycle de 500. » Malheureusement, les systèmes de suralimentation sont coûteux, les performances pas vraiment au rendez-vous et les consommations explosent. Bref, le motard des années 80 ne se laisse pas séduire et les constructeurs vont rapidement stopper les frais. Seul Honda sortira deux modèles sur base de CX (une 500 et une 650 deux ans plus

En novembre 1983, la Kawasaki GPZ 750 Turbo fait la une de *Moto Revue*.

tard) avant de mettre fin à l'aventure. De ces cinq modèles turbocompressés, la Kawasaki GPZ 750 est un peu à part. La seule qui s'en est sortie avec les honneurs. Dans les notes de l'essai *Moto Revue*, en novembre 1983, on remarque un étonnant 19/20 à la rubrique « Agrément moteur » avec ce commentaire : « Exceptionnel, du jamais vu à ce jour »… Il fallait donc en savoir plus sur ce turbo pas comme les autres. C'est du côté de Mantes-la-Jolie, à Guerville plus précisément, que nous en avons trouvé une quasi neuve. Elle appartient à Fabrice Di Prospero mais est suivie et bichonnée par Pascal Salcet, un mécano « à l'ancienne » qui nous accueille avec le sourire.
« Des 750 Turbo dans cet état-là, tu n'en trouveras pas souvent, c'est sûr. »
Mais revenons deux secondes en arrière. à la fin des années 70, le milieu moto tire la sonnette d'alarme car une large couche d'utilisateurs se plaint de motos de plus en plus puissantes certes, mais souvent trop lourdes et qui se gondolent à la moindre sollicitation. Les constructeurs prêtent l'oreille à ces critiques et travaillent sur un procédé censé diminuer le poids tout en augmentant la cavalerie de l'équipage : la suralimentation. Les premiers exemples de machines turbo commercialisées ont une plage d'utilisation assez réduite, un temps de réponse parfois brutal, des performances pas toujours à la hauteur et un prix de vente exorbitant. Kawasaki, qui l'a plutôt joué attentiste sur le coup, sort sa GPZ 750 Turbo en 83 (le premier proto était un 650) équipée d'un dernier modèle de turbo et d'une injection électronique qui va faire la différence. L'option est donc clairement sportive, contrairement à Honda qui a choisi d'équiper une routière.

26 ch de plus qu'une 750 stock

Posée sur sa béquille centrale, la GPZ Turbo paraît longue, mais peut-être est-ce dû au carénage intégral et à la déco du réservoir qui dégouline sur les caches latéraux et allonge visuellement l'ensemble ? L'habillage est d'époque et les prétentions de la bête turbocompressée revues à la hausse par le constructeur. La « Turbo » affiche par exemple un excédent de 26 ch par rapport à une 750 ZX standard et seulement 8 ch de moins qu'une GPZ 1100. Mais surtout, elle bénéficie d'une courbe de couple incroyable (entre 4 000 et 6 500 tr/min), 500 tours plus bas que celle de la 1100, là où le coffre moteur se fait sentir. Un gage de reprises musclées dès les plus bas régimes.

**1- Au-dessus du compte-tours, le bargraphe qui indique la charge du turbo.
2- Une face avant très classique.
3- Au guidon de la GPZ, on se laisse griser par l'agrément moteur.
4- Les échappements ne dépassent en rien.
5- La grille de protection du turbo.
6 et 7- éclaté du moteur et du compresseur. L'air qui vient du filtre est comprimé dans la chambre du compresseur, puis acheminé sous pression dans la boîte à air, juste derrière les conduits d'admission renfermant papillons et buses d'injecteur.**

Ces courbes faisaient dire à l'essayeur *Moto Revue* de l'époque : « On peut en déduire qu'à performances égales, un 750 turbocompressé offre une courbe de réponse plus linéaire et plus avantageuse qu'un 1100 conventionnel. » Quand même ! Et c'est vrai qu'en situation, la GPZ Turbo a du répondant. Les yeux fixés sur le bargraphe placé au-dessus du compte-tours, on s'aperçoit très vite que la Kawa est avant tout d'une facilité hors normes.
Les commandes sont douces et précises, la boîte silencieuse est bien étagée, et la position de conduite ne génère aucun commentaire négatif. Tout tombe sous les mains et le bloc rugit effectivement dès que la turbine se met en route. Une sensation très sympa car le moteur grimpe dans les tours façon machine de course. évidemment, face aux machines d'aujourd'hui, la comparaison est faussée. Une Kawa Turbo, ça pousse, certes, mais ce n'est pas la moto diabolique qui vous arrache les bras comme le notaient les journalistes en 1983. Le bloc est plein, survolté. Il prend beaucoup de tours (zone rouge de 10 000 à 12 000 tours) et cette poussée très linéaire est de plus en plus forte. De plus en plus puissante. C'est vraiment très plaisant et assurément, ni monstrueux, ni inconduisible. La GPZ a du caractère et pour contrôler ce surplus de Watts, les ingénieurs ont greffé des disques plus grands que sur le modèle standard et un système anti-plongée sur la fourche. Un système qui posait visiblement quelques petits soucis à l'époque. « Il a pour effet de relever la moto vers l'extérieur en entrée de courbe. Sur revêtement moyen, c'est même limite : on hésite à freiner sur l'angle. Sur route bosselée, l'impression est très désagréable. » Surtout que son 4-cylindres hyper docile et ses aptitudes sportives imposent naturellement un rythme plutôt rapide. Rassurez-vous, sur petites routes, le nez au vent et à allure très modérée, la GPZ 750 Turbo vous donnera le sourire. Une machine exceptionnelle à plus d'un titre.

1- Dans le garage, avec Pascal Salcet. Un mécano « à l'ancienne » qui sait de quoi il parle.

Fiche technique

▸ Puissance

50,2 ch à 6 500 tr/min, 5,8 mkg à 5 000 tr/min

▸ Moteur

Bicylindre à plat, 4-temps, refroidi par air.
Alésage x course : 84,8 x 70,6 mm. Cylindrée : 797,5 cm^3.
Taux de compression : 8,2 à 1.
Carburateurs : 2 Bing de 32 mm à dépression.
Embrayage : multidisque en bain d'huile. Allumage : électronique.
Batterie, bobine, rupteurs : 12 V.
Boîte de vitesses : 5 rapports. Démarreur électrique + kick.

▸ Partie-cycle

Cadre : double berceau tubulaire en acier.
Suspensions : AV : télescopique à axe déporté, débattement 200 mm.
AR : mono-amortisseur, réglable en précontrainte (3 positions), débattement 170 mm. Roues en alliage : AV : 3,00 x 21. AR : 4,00 x 18.
Freins : AV : simple disque ø 264 mm. AR : tambour simple came ø 200 mm.
Dimensions : Empattement : 1 465 mm. Hauteur de selle : 860 mm.
Garde au sol : 218 mm. Poids total : 167 kg à vide, 186 kg tous pleins faits.
Réservoir : en tôle de 19,5 litres, réserve : 2 litres.
Carter moteur : 2 litres d'huile.

1- La Kawasaki GPZ 750 Turbo est équipée d'une injection électronique (DFI) qui facilite la réponse du turbo.
2- C'est marqué dessus : elle hérite aussi d'un système de suspension AR « Uni-Trak ».
3- Sur la fourche, l'assistance est pneumatique.
4- Les voyants (essence et alertes) sont regroupés dans une console de réservoir.
5- à son guidon, on file comme le vent.

PRODUCTION

Les autres Turbo

HONDA CX 500 TURBO (1980)
Bicylindre en V à 80°, 78 ch à 8 000 tr/min, 7,5 mkg de 4 500 à 7 500 tr/min. Turbo logé devant les cylindres.

YAMAHA XJ 650 TURBO (1982)
4-cylindres en ligne, 90 ch à 9 000 tr/min, 8 mkg de 7 000 à 7 500 tr/min. Turbo logé devant la roue arrière.

SUZUKI Xn 85 TURBO (1982)
4-cylindres en ligne, 85 ch à 8 000 tr/min, 7,8 mkg de 6 500 tr/min. Turbo logé au-dessus de la boîte.

HONDA CX 650 TURBO (1983)
Bicylindre en V à 80°, 100 ch à 8 000 tr/min, 10,5 mkg à 4 500 tr/min. Turbo logé devant les cylindres.

1983

YAMAHA 600 TÉNÉRÉ

L'intermède XT 550 étant raté, pour succéder à la (déjà) légendaire XT 500, la 600 Ténéré sort le grand jeu, total look rallye-raid inclus. Et cette fois, la réussite sera au rendez-vous.

1

« DÈS LES PREMIERS TOURS DE ROUES, LA 600 TÉNÉRÉ A RÉUSSI SON COUP »

Prendre la suite de la 500 XT n'était pas une mince affaire. Cette légende roulante, arrivée à la surface du globe en 1976, surfait depuis sur sa notoriété, renforcée par ses victoires remportées avec Cyril Neveu lors des deux premières éditions du Paris-Dakar. Cependant, dès 1981, la légende avait du plomb dans l'aile, sur le plan sportif tout du moins. Yamaha aligna donc sur le Paris-Dakar de 1982 la 550 XT, avec laquelle Jean-Paul Mingels faillit s'imposer – à un trou suivi d'une énorme gamelle près – et commercialisa la version de production dans la foulée. Ce fut un échec. On se doute que les réunions au siège de la marque furent un peu houleuses, et que la voix de la France, représentée par Jean-Claude Olivier, eut un poids prédominant dans les prises de décision pour réagir. De fait, il ne fallut pas attendre longtemps – un an seulement – pour assister à la naissance de la véritable héritière du trône de reine des trails, cette 600 Ténéré, copie quasi conforme des machines alignées par l'importateur français sur le Paris-Dakar. Un premier contact exclusif négocié se réalise en Bretagne. Ces lignes écrites dans *Moto Revue* restituent bien le ressenti vis-à-vis de cette moto en ce début d'année 1983 :

« Le Ténéré est un immense désert de sable, de Djanet à Agadès : beauté nue, beauté violente, beauté totale.

Pour les gens qui aiment rêver, Yamaha a vraiment trouvé le nom qui fait partir !

Ses qualités de trail "grands chemins" sont réelles.

Sa maniabilité est étonnante. Le couple d'un gros mono 4-temps est fabuleux par définition. Alors, on est partis. Là, dans le grand Sud. Dans notre tête. » On a compris, en relisant ces lignes, que dès les premiers tours de roues, la 600 Ténéré a réussi son coup. L'auteur de ce contact en remet d'ailleurs une couche pour préciser sa pensée :

« Routière ou trail, qui peut se vanter d'utiliser sa moto à fond de ses possibilités ? Quand on achète une Ferrari, on ne va pas toujours rigoler sur le circuit Paul-Ricard ! Eh bien oui, cette Ferrari du trail est aussi faite pour les yeux ! » Avec ses 30 litres lui donnant une autonomie de 500 kilomètres, la 600 Ténéré est la reine de l'évasion, ne serait-ce que le temps d'un week-end. Elle va connaître un grand succès commercial.

1- La belle était également proposée en bleu.
2 et 4- La Yamaha Ténéré sur les grandes pistes africaines, son terrain de jeu favori.
3- Côté pub, on annonce la couleur.
5- Petit face-à-face avec une Honda XL.
6- Au guidon du gros mono japonais, rien ne pouvait vous arrêter. L'aventure à portée de main.

Fiche technique

Puissance

45 ch à 6 500 tr/min

Moteur, partie-cycle

Monocylindre, 4-temps, refroidi par air, 595 cm³, couple 5 mkg à 5 500 tr/min.
Carburateur Teikei.
Transmission par chaîne.
Cadre simple berceau.
Fourche télescopique ø 41 mm, déb. 225 mm, suspension arrière Monocross, déb. 235 mm.
Frein AV simple disque ø 267 mm, frein AR à tambour ø 150 mm.
Réservoir 30 litres.
Poids tous pleins faits : 165 kg.

1983

HONDA XLV 750 R

Trop à cheval entre deux univers, celui des trails et celui des routières, la XLV 750 R, dont on peut dire qu'elle était trop en avance sur son temps, n'a pas rencontré son public.

1

« EST-CE UNE MOTO DE ROUTE DÉGUISÉE EN TRAIL ? EST-CE PLUTÔT UN TRAIL ROUTIER ? »

FICHE TECHNIQUE

Puissance

61 ch à 7 000 tr/min

Moteur, partie-cycle

Bicylindre en V à 45°, 4-temps, refroidi par air, 749 cm³, couple 7 mkg à 5 500 tr/min. 2 carburateurs à dépression ø 36 mm. Transmission par arbre et couple conique. Cadre double berceau en tube à section carrée. Fourche télescopique ø 43 mm à assistance d'air, déb. 200 mm, suspension arrière Pro-Link, déb. 180 mm. Frein AV simple disque ø 276 mm, frein AR à tambour ø 140 mm. Roues AV-AR : 1,85″ x 21 – 2,50″ x 17. Réservoir 19,4 litres. Poids tous pleins faits : 212 kg.

Elle avait aimanté les regards au Salon de Paris en octobre 1982 et ce n'est que l'été suivant qu'elle est essayée pour la première fois. À l'issue de cette prise de contact, le sentiment qui domine est celui de la perplexité. En effet, après un millier de kilomètres parcourus dans toutes les conditions possibles (autoroutes, nationales, départementales, quelques chemins de traverse, quelques passages dans le sable), on s'interroge : est-ce une moto de route déguisée en trail ? Est-ce plutôt un trail routier ? Pour le moment, seul BMW, avec sa R80 G/S, a produit une moto de ce type. Loin, bien loin de la machine qu'Hubert Auriol a emmenée sur la première marche du podium lors du Paris-Dakar en 1981. Depuis, la BMW officielle d'Auriol frôle la barre des 1000 cm³, et cette surenchère a visiblement encouragé Honda à concevoir cette XLV 750 R. Le constructeur japonais précise toutefois que ce n'est pas une moto de rallye-raid mais plutôt une moto de raid, sous-entendu étudiée pour les voyages de longue distance mais sans aucun lien avec la compétition. Dans cette première moitié des années 80, soutenu par l'extraordinaire engouement pour le Rallye Paris-Alger-Dakar organisé par Thierry Sabine, le marché du trail explose et représente 60 % des ventes de motos en France. Alors, on explore d'autres niches dans l'espoir de susciter l'intérêt du public. Autant le dire tout de suite, ce ne sera pas le cas de cette Honda – alors que la XLR 500 se débrouille très bien de son côté sur le plan commercial. À l'usage, l'impression générale est avant tout celle du confort. Les suspensions, la selle, la position, l'absence de vibrations donnent au pilote le sentiment d'évoluer dans un cocon, et côté pratique, la faible hauteur de selle et le démarreur électrique sont des atouts maîtres. Avec le recul, plus de quarante après, on peut dire que la XLV 750 R, surtout avec ce coloris vraiment typé course, n'était pas dans le bon timing. Elle est arrivée 30 ans trop tôt. Car aujourd'hui, les trails routiers sont légion et ont même relancé un marché qui était passé de mode.

1- Typée route (un gros bicylindre, une transmission par arbre, un poids conséquent), la Honda XLV 750 R est arrivée trop tôt sur le marché.
2, 3 et 4- Malgré ce que nous promettait la pub à l'époque, la XLV brillera plutôt aux terrasses de cafés et sur routes. Mais ne rencontrera pas vraiment sa clientèle...

1984

KAWASAKI GPZ 900 R

Battre le TGV sur Paris-Marseille ou tenir un rôle clé dans le fi lm Top Gun, la GPZ 900 R le fera avec brio. Mais à sa sortie en 1984, elle marque les esprits et renouvelle le genre de la catégorie sportive.

1

« PISTONS EN ALUMINIUM ET BIELLES EN ACIER FORGÉ HAUTE RÉSISTANCE »

2 3

FICHE TECHNIQUE

▸ Puissance

115 ch à 9 500 tr/min

▸ Moteur, partie-cycle

4-cylindres en ligne, 4-temps, refroidi par eau, 908 cm³, couple 8,7 mkg à 8 500 tr/min.
Taux de compression 11 à 1. Carburateurs Keihin CVK ø 34 mm. Transmission par chaine.
Cadre type Diamant, moteur porteur. Fourche hydraulique ø 38 mm avec système antiplongée, déb. 140 mm, suspension arrière Unitrack, déb. 115 mm.
Frein AV double disque ø 280 mm, frein AR simple disque ø 270 mm.
Pneus AV/AR : 120/80 x 16/ 130/80 x 18. Réservoir 22 litres. Poids tous pleins faits : 249 kg.

Souvenez-vous, ce que l'on a pu faire avec cette GPZ 900 R : ce deuxième match monté par *Moto Revue* pour battre le TGV sur le parcours Paris-Marseille en 1985, et sa « figuration » dans ce film devenu culte, *Top Gun*, où le héros, Tom Cruise dit « Maverick », roule au guidon de sa Ninja parallèlement à un chasseur de l'aéronavale en plein décollage avec son Tomcat. La force des images a imprimé ce souvenir de manière indélébile… quoique l'on puisse penser de ce film. Il faut dire que la Kawasaki GPZ 900 R, qui est donc baptisée « Ninja » aux USA, est une sacrée machine. À sa présentation, sur le circuit de Laguna Seca, en Californie, elle en impose, avec des chiffres et un look impressionnants : 115 ch, plus de 240 km/h en vitesse de pointe, le tout « servi » dans un gabarit de 750, à l'époque, c'est tout nouveau. En faisant un parallèle avec la commercialisation de la 900 Z1 en 1973, on écrit dans *Moto Revue* : « La conception de la Z1 aura fait école durant près de dix ans. La GPZ 900 R ne fera peut-être pas le même

4

1- La position de conduite de la 900 Ninja est idéale pour rouler vite et longtemps.
2- De face, la 4-cylindres est assurément très compact (451 mm de large).
3- C'est avec une GPZ 900 R que *Moto Revue* va battre le TGV en 1985.
Encore une exclusivité pour *Moto Revue* : l'essai de la GPZ 900 R.

score du fait de la fréquence accélérée des nouveaux modèles mais c'est un nouveau départ qui est donné pour l'usine, à partir de ce moteur. » Large de 451 mm, ce quatre-cylindres en ligne à double arbre à cames en tête et 16 soupapes est donc extrêmement compact, les ingénieurs ont pris soin de sa conception : le bloc est en alliage d'aluminium chemisé fonte, coiffé d'un joint de culasse en acier laminé. Les pistons sont en alu, les bielles en acier forgé haute résistance. Quant à la partie-cycle, avec une roue avant de 16 pouces et une architecture de cadre de type Diamant, elle offre à la moto un gabarit réduit et une maniabilité au diapason. À Laguna Seca, le test est probant. Courbes rapides ou changements d'angle se passent avec brio, et la conclusion est claire : « Adieu, les pièges à rouler qui se font la malle dans tous les sens dès que l'on attaque un peu, voici une nouvelle génération de bécanes avec lesquelles l'osmose sera plus complète entre monture et pilote. »
À propos, plus de 32 ans après la sortie de *Top Gun* où la 900 Ninja avait le privilège d'être pilotée par Tom « Maverick » Cruise, un deuxième opus est programmé en sortie française pour juillet 2020. Cette fois, notre héros, pour se changer les idées, va tirer des boulets au guidon d'une Kawasaki Ninja H2…

1984

YAMAHA FJ 1100

Cinq ans après la XS 1100, cette machine réussit à conjuguer puissance, tenue de route et facilité d'utilisation. C'est la première grande routière sportive de la marque.

1

« FORTE DE SES 125 CHEVAUX, LA FJ AFFIRME LA PRÉSENCE DE LA MARQUE SUR LE CRÉNEAU MONTANT DES (GRANDES) ROUTIÈRES SPORTIVES »

FICHE TECHNIQUE

Puissance

125 ch à 9 000 tr/min

Moteur, partie-cycle

4-cylindres en ligne, 4-temps, refroidi par air, 1 097 cm^3, couple 10,5 mkg à 8 000 tr/min. 4 carburateurs à dépression Mikuni ø 36 mm. Transmission par chaîne à joints toriques. Cadre double berceau latéral en tubes de section carrée. Fourche télescopique multiréglable avec système antiplongée, déb. 150 mm, suspension arrière Monocross multiréglable, déb. 120 mm. Frein AV double disque ø 282 mm, frein AR simple disque ø 282 mm. Pneus AV–AR : 120/80 x 16 – 150/80 x 16. Réservoir 24,5 litres. Poids tous pleins faits : 252 kg.

Présentée au Salon de Paris durant l'automne 1983, la FJ 1100 passe à la casserole de l'essai l'hiver suivant, et c'est une révélation. Quelque mois auparavant, en faisant le tour de la machine, l'impression est déjà extrêmement favorable : sa ligne très bien équilibrée, à mi-chemin entre grosse et petite, entre ronde et agressive, entre compacte et légère, ses roues de 16", son carénage effilé et son becquet profilé pour fendre l'air sans contrainte, son moteur encadré par ce cadre double berceau que Yamaha appelle « Lateral Concept Frame » et enfin, ses sorties d'échappement en aluminium qui viennent parachever le tableau, tout concourt à laisser penser que cette FJ 1100, dont la gestation n'a duré que deux ans et demi, est bien née. Cinq ans après la XS 1100 qui développait 95 chevaux sous un gabarit des plus musculeux, la petite nouvelle paraît ramassée, presque discrète, mais sa mission, forte de ses

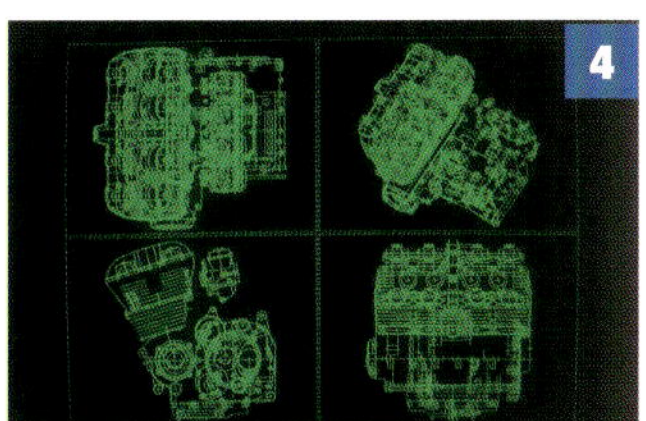

1- La FJ 1100 avait un véritable tempérament sportif.
2 et 5- À son guidon, on est un seigneur de la route.
3- La première grande routière sportive de Yamaha hérite d'un cadre en tubes d'acier de section carrée.
4- Les ingénieurs avaient conçu un bloc moteur très compact et étroit.

125 chevaux, est d'affirmer la présence de la marque sur le créneau montant des (grandes) routières sportives. Dès le premier contact, la confiance s'installe, grâce à la hauteur de selle minimaliste et à une assise très onctueuse. Et si les premiers tours de roues sont un peu déconcertants (il faut s'habituer aux roues de 16"), le poids de la machine n'est plus qu'un souvenir dès que l'on roule. Mais la ville se traverse avec une sérénité étonnante pour une moto destinée avant tout à abattre de longues distances. Capable d'emmener au boulot son propriétaire au quotidien, elle s'exprime évidemment encore mieux sur la route. Et là, les comparaisons donnent dans le haut de gamme : « On pense à une Porsche 928. Racée par la ligne, confortable par la position de conduite et les suspensions, rapide mais pas sauvage, car il ne faut pas se faire violence pour avancer vite. Et si son freinage vous permet de vous sortir de tous les cas épineux, c'est surtout sa tenue de cap qui est fabuleuse. Il a été impossible de la prendre en défaut sur la route. » C'est une vraie réussite. Un an plus tard, elle s'alignera sur la loi limitant la puissance à 100 chevaux, puis sera remplacée en 1986 par une version 1 200 cm^3 encore un peu plus costaude. De quoi mener une très belle carrière sur le plan commercial.

1984 & 1985

TROIS RÉPLIQUES DE GRANDS PRIX

Entre la Yamaha RD 500 LC (sortie la première en 1984), la Suzuki RG 500 Gamma et la Honda NS 400 R (apparues un an plus tard), ces trois 500 deux-temps faisaient se dresser l'échine des amateurs de Grands Prix.

1

> « LES FANTASMES S'ACCOMPLISSENT, LE MYTHE EST À PORTÉE DE MAIN (ET DE PORTEFEUILLE) »

Fiche technique Yamaha RD 500 LC (1984)

Puissance

82,5 ch à 9 500 tr/min

Moteur, partie-cycle

4-cylindres en V à 60°, 2-temps, refroidi par eau, 499 cm³, couple 6,8 mkg à 8 500 tr/min. Carburateurs ø 26 mm. Transmission par chaîne. Cadre double berceau tubulaire acier, tubes de section carrée. Fourche hydraulique ø 36 mm avec antiplongée, déb. 140 mm, suspension arrière Monoshock, déb. 120 mm. Frein AV double disque ø 270 mm, frein AR simple disque ø 270 mm. Pneus AV/AR : 120/80 x 16 / 130/80 x 18. Réservoir 22 litres. Poids tous pleins faits : 205 kg.

Quand, à l'intérêt, voire à la passion que l'on éprouve pour la pratique de la moto s'ajoute celle que l'on ressent pour la course, la commercialisation de machines telles que ces trois 500 deux-temps a de quoi faire palpiter le cœur. En 1984, Yamaha est donc le premier des trois constructeurs engagés parallèlement en Grands Prix à produire en série une réplique de sa machine de course, avec la RD 500 LC dotée d'un moteur quatre-cylindres V4, hérité de la moto avec laquelle Kenny Roberts s'est bagarré en 1983 pour le titre mondial de la catégorie reine face à Freddie Spencer. Choc émotionnel garanti du côté du public. Un an plus tard, Honda dévoile sa « petite » NS 400 R motorisée quant à elle par un trois-cylindres en V, proche, là encore, de la machine de Spencer (qui entre-temps est passé avec le HRC au moteur V4). Enfin, Suzuki, qui n'est pourtant plus présent officiellement en Grands Prix depuis son retrait de la compétition fin 1983, aligne cependant celle qui est peut-être la plus aboutie de ces trois drôles de dames : la RG 500 Gamma, « emmenée » par un moteur quatre-cylindres en carré développant 92 chevaux (c'est la plus puissante des trois). Une 500 Gamma qui exhibe avec fierté un cadre aluminium sublimant une ligne directement inspirée des Suzuki de GP.

1- Plus capricieuse de comportement moteur, la Yamaha était la moins facile des trois. 2 et 3- Cadre acier mais look d'enfer. 4- ça plane sur cette couverture de *Moto Revue*, avec un comparatif des 500 deux-temps associé à Alain Prieur sautant d'une falaise dans le Verdon.

« On se prend pour Spencer, Lawson et Uncini »

Au printemps de l'année 1985, Moto Revue réunit ces trois grâces pour un comparatif dont le titre (« On croit rêver ») insiste sur le côté exceptionnel de la chose. On lit : « Les fantasmes s'accomplissent, le mythe est à portée de main (et de portefeuille). Notre âme endurcie par le dur combat de la vie, le stress des villes de béton et les contrôles radar (sic) retrouve sa pureté juvénile. Avec ces trois motos, c'est un peu comme si Spencer, Lawson et Uncini nous laissaient conduire leur 500 de GP. » Tout est dit dans cette tirade emportée par le lyrisme. Alignées côte à côte pour un match de prestige, elles ont donc chacune des arguments techniques différents. On a décrit les moteurs, et leur partie-cycle les distingue également, puisque par exemple seule la Yamaha est dotée d'un cadre en acier, là où les deux autres ont opté pour l'aluminium, encore très rare à cette époque (la RG 500 Gamma côtoie d'ailleurs dans le catalogue une GSX-R 750, elle aussi équipée d'un cadre alu qui va en faire une icône des années 80). Esthétiquement parlant, si la Honda reprend le design des machines officielles (aux couleurs du fabricant de cigarettes Rothmans), la Yamaha est plus élégante et la Suzuki,

1

2

« LA PLUS PERFORMANTE, LA PLUS HOMOGÈNE ET LA PLUS MÉRITANTE »

3

FICHE TECHNIQUE SUZUKI RG 500 GAMMA (1985)

Puissance

92 ch à 10 000 tr/min

Moteur, partie-cycle

4-cylindres en carré, 2-temps, refroidi par eau, 498 cm³, couple 7,3 mkg à 9 000 tr/min. 4 carburateurs ø 28 mm. Transmission par chaîne. Cadre double berceau aluminium, tubes de section carrée. Fourche téléhydraulique avec système antiplongée ø 38 mm, déb. 140 mm, suspension arrière Full-Floater, déb. 130 mm. Frein AV double disque ø 260 mm, frein AR 1 disque ø 210 mm. Pneus AV/AR : 110/90 x 16 / 120/90 x 17. Réservoir 22 litres. Poids tous pleins faits : 180 kg.

1- Vitesse de pointe : 230 km/h !
2- Le détail qui fait craquer.
3- Le cadre alu comme la GSX-R 750.
4- Un cadre alu pour accueillir le moteur V3.
5- Aux couleurs des machines officielles de Grands Prix. De quoi se prendre pour Freddie Spencer.

elle, tape dans l'œil des amateurs du genre avec les deux sorties d'échappement magnifiquement intégrées sous la selle. Au bout du compte, chacune d'entre elles dévoile au fil des kilomètres une « personnalité » marquée qui lui est propre, et il ressort de ce match d'exception le verdict suivant : « La plus performante ? La Suzuki, avec 11"74 aux 400 mètres départ arrêté et 230 km/h en vitesse de pointe. C'est absolument renversant, fabuleux, extraordinaire. Non seulement elle pousse comme aucune 500 ou aucun deux-temps de route n'a jamais poussé, mais en plus, sa puissance est étonnamment exploitable. Elle constitue la référence du moteur deux-temps comme l'a été la Kawasaki 500 Mach III il y a des années de cela. (…) La Honda ? C'est la plus homogène. Si son vigoureux petit moteur n'est capable que de 12"81 aux 400 m DA et de 211 km/h en vitesse de pointe, avec une maniabilité excellente, une tenue de route phénoménale et un freinage d'enfer, elle compense largement son manque de puissance. (…) La Yamaha ? C'est la plus méritante. En effet, c'est dur d'être un innovateur. Son destin est de se faire rattraper puis dépasser par ceux qui ont suivi la trace. Mais il ne faut surtout pas enterrer la brave RDLC qui est encore pleine de force et de jeunesse. Son comportement routier, son potentiel sportif et le caractère de son moteur ont pris un petit coup de vieux mais ce qui était une bonne moto l'an dernier (en 1984), reste une bonne moto cette année (en 1985). » Finalement, on se dit aujourd'hui qu'un classement entre ces trois 500 était sans doute superflu. C'était avant tout l'idée que l'on s'en faisait qui importait.

FICHE TECHNIQUE HONDA NS 400 R (1985)

Puissance

72 ch à 9 500 tr/min

Moteur, partie-cycle

3-cylindres en V à 90°, 2-temps, refroidi par eau, 387 cm³, couple 5,7 mkg à 8 500 tr/min. 3 carburateurs à guillotine ø 26 mm. Transmission par chaîne. Cadre double berceau aluminium, tubes de section carrée. Fourche télescopique ø 37 mm avec antiplongée, déb. 120 mm, suspension arrière Pro-Link, déb. 100 mm. Frein AV double disque ø 256 mm, frein AR simple disque ø 220 mm. Pneus AV/AR : 110/90 x 16 / 110/90 x 17. Réservoir 19 litres. Poids tous pleins faits : 188 kg.

1985

YAMAHA 1200 VMAX

Monument parmi les motos exceptionnelles, la Yamaha Vmax a marqué son temps comme peu ont su le faire. D'hier ou d'aujourd'hui, cette star des années 80 reste indémodable.

Arai
YAMAHA
Vmax

Dire que cette moto est inclassable est un doux euphémisme. Brutale, radicale, impressionnante, hors normes, elle colle parfaitement à tous ces critères depuis sa sortie en 1985. À l'époque, Honda a une très forte emprise sur le marché (leader en France, leader en Europe, leader partout…) et les stratèges des autres marques japonaises, Yamaha en tête, préfèrent donc porter leurs attaques sur des créneaux que le numéro 1 mondial n'a pas encore investis. La Vmax en est l'exemple type. La cible est celle des « muscle cars » et des « hot rods », celle des machines exceptionnelles aux moteurs surdimensionnés, si chers aux Américains… Les têtes pensantes de Yamaha vont créer une catégorie « Street road » avec leur Vmax. Voilà ce dont se souvenait Jean-Claude Olivier (PDG de Yamaha Motor France) sur l'arrivée de la bête : « En avril 84, lors d'un voyage au Japon, M. Morinaga – big boss du 2-roues chez Yamaha – m'annonce que le prototype que j'ai sous les yeux n'est prévu que pour le marché US. Le concept Vmax n'est, a priori, pas en adéquation avec l'utilisation faite d'une moto en Europe… » Désespéré mais jamais résigné, JCO obtient fi nalement dix versions US qu'il fait homologuer en France début 85. Et pour savoir si cette machine aux lignes et caractéristiques si atypiques va séduire, il en prête une à son ami Bobby Barrier, « maître » des nuits tropéziennes. Sa mission ? Exhiber la bête à Saint-Tropez, haut lieu du show-biz français, pendant le mois d'avril 85 et ramener une liste de neuf noms de top personnalités craquant pour une Vmax. Il revient avec trente noms, un des acheteurs potentiels lui proposant même un chèque d'un montant dix fois supérieur au prix de la machine pour en acquérir une sur-le-champ. Neuf noms sont arrêtés et dix modèles déambulent dans Saint-Trop' tout l'été 1985, assurant à cette moto décidément pas comme les autres une promo exceptionnelle avant même qu'elle ne soit dispo en France. On connaît la suite. Même sans le système V-Boost réservé aux versions non bridées avec lequel la Yamaha

1- Le V4 à 70° de la Venture Royale a été modifié, allégé et boosté pour sortir 145 ch en version US (avec le V-Boost). Une œuvre d'art.
2- Le tableau de bord, très chic avec ses compteurs à fonds
3- Le cascadeur américain Doug Domokos, alias « Wheelie King », ne semblait gêné ni par le poids, ni par le gabarit de la Vmax…

affiche 145 ch (!), la Vmax marque les esprits et casse les codes. En prime, durant ses 20 ans de carrière en version 1200 (de 1981 et les premiers coups de crayon d'Ed Burke, le génial designer américain, à 2002, dernière année de vente du 1200), la Vmax n'a quasiment pas changé. Un gros V4 de 1 200 cm^3 – celui de la Venture Royale boosté avec de plus grosses soupapes, de plus gros carbus, des pistons, bielles et vilebrequin allégés et renforcés – et une partie-cycle spécifique construite autour du V4 afin de le mettre en valeur.

Une gueule inoubliable !

Cadre double berceau ramassé et rigide, suspensions travaillées, gros freinage, hauteur de selle contenue : la Vmax a surtout une gueule que personne ne peut oublier. Le petit « faux réservoir » qui intègre en fait le boîtier de filtre à air (les 15 litres d'essence prennent place sous la selle) et surplombe les méga prises d'air chromées sublimes, l'énorme pneu arrière, le chrome partout ; la belle avance de sacrés arguments. Celle que nous prête Antoine est l'une des dernières versions 1200 avec une fourche un peu plus grosse (43 mm), des disques ajourés de 298 mm et une finition « carbone » qui lui sied à ravir. Le reste est identique au tout premier modèle et c'est avec envie que je monte pour la première fois sur une Yamaha 1200 Vmax.
De prime abord, l'impression est… mitigée car pour sortir de la propriété, il faut manœuvrer la bête à l'arrêt.

V-BOOST

USA ONLY

Aux États-Unis, la Vmax est commercialisée avec un système de suralimentation V-Boost. Géré par un servomo-teur, il suralimente le moteur après l'ouverture d'un papil-lon situé avant les rampes des carburateurs, procurant ainsi dans les hauts régimes un surcroît de puissance à la machine, et donc des accélérations plus musclées. En France et en Europe, la Vmax n'a jamais disposé du système V-Boos t. Ce manque ne l'a jamais empê-ché d'être considérée à l'époque comme une moto surpuissante à ne pas mettre entre toutes les mains.

Et là, les 280 kg de la bestiole sont bien présents. Une enclume même.

Ambiance virile

Heureusement, dès que le V4 est chaud, les premiers tours de roues nous sortent de cette séance de musculation improvisée. La boîte est assez précise et l'arbre de transmission secondaire ne ternit pas l'opération. Rapidement, on trouve sa place à bord. Les commandes sont OK, le guidon bien cintré et les jambes ne sont pas trop repliées malgré la faible hauteur de selle. C'est même plutôt confort car on ne remarque quasiment aucune vibration (le vilebrequin doté d'un balancier d'équilibrage et le V4 monté sur silentblocs y sont pour beaucoup). La « Street road » japonaise n'est pas non plus trop large à l'entrejambe et le souffl e de son gros V4 vous pousse illico à jouer les mauvais garçons. Il faut dire qu'il prend des tours l'animal, et les 100 ch « européens » sont largement suffisants pour se faire plaisir. Plutôt maniable en ville (tant que vous n'avez pas de demi-tour à faire), la Vmax s'appuie aussi sur une partie-cycle rigide et un freinage très correct. Bien sûr, vous aurez du mal à rentrer tous les rapports lors d'un freinage maousse en essayant de garder votre point de corde, mais la Vmax n'est pas faite pour ça. Loin d'être le paquebot qu'on imagine, on se prend très vite à tournicoter avec elle d'une terrasse à une autre. On aime son côté brutal, sa mécanique hors du commun et ses allures de star hollywoodienne. On aime aussi ses chromes, les paillettes qu'elle laisse partout derrière elle, son pneu arrière surdimensionné et les sensations qu'elle procure. Là encore, on est bien aux USA. À bord, l'ambiance est plutôt virile. Ça sent la poudre, les gros bras, les bars louches et les gueules renfrognées. Une caricature ? Sûrement… En attendant, à Las Vegas ou à Bourbon-l'Archanbault, la Vmax continue de faire tourner les têtes sur son passage. Cela fait 35 ans que les fi lles aiment s'accrocher sur son strapontin ; 35 ans que les garçons rêvent de les emmener parader en ville. Une histoire simple.

1- La Vmax n'a quasiment pas changé en 20 ans de carrière dans sa version 1200.
2- L'arbre de transmission dans son écrin métallique.
3- Prises d'air maousse et finition « carbone » sur cette version 99.
4- Les commodos sont sobres. On note le passage en réserve au guidon.
5- Jamais une moto n'a autant magnifié sa mécanique.
6- Vue de dos, la Vmax accuse son embonpoint. Un sentiment qui s'envole dès les premiers tours de roues, comme nous le faisait remarquer Jean-Claude Olivier (ci-contre) en 1985. C'est grâce à sa persévérance que la Vmax arrive en Europe.

5

6

QUELQUES DATES

- 1981-1982 : étude du concept et réalisation d'une maquette
- 1982-1983 : réalisation du prototype
- 1984 : présentation à Las Vegas (octobre) et commercialisation/ moteur V4, système V-Boost, 150 ch, 285 kg.
- 1985 : arrivée de la première Vmax en France (janvier), version sans le système V-Boost. Type 2EN, 138 ch
- 1986 : Vmax type 2EN : roues coulées, écopes grises, caches latéraux gris, freins avant avec étriers 2 pistons
- 1987 : Vmax type 2EN : les roues deviennent quasi pleines, type lenticulaire, en aluminium, écopes et caches noirs
- 1988 : Vmax type 2EN : écopes noires et grises, caches latéraux et réservoir gris
- 1990 : Vmax type 2EN : écopes et caches latéraux gris et alu, allumage digital électronique, non disponible en France
- 1991 : Vmax type 2EN : système d'échappement modifi é pour répondre à la nouvelle réglementation (81 db au lieu de 83), la puissance moteur passe de 100 ch à 95, couple 10,3 mkg à 3 000 tr/min, nouveaux arbres à cames, rapport de transmission final plus court
- 1993 : Vmax type 2EN : tubes de fourche ø 43 mm au lieu de 40 mm, alternateur modifié pour plus de débit, nouveaux freins avant de ø 298 mm, étriers 4 pistons
- 1996 : Vmax type 2EN : série black, fourreaux de fourche, garde-boue avant, pots d'échappement, de couleur noire, écopes et caches latéraux noirs et gris, filtre à huile type cartouche
- 1998 : Vmax type 2EN : pots chromés, écopes et caches latéraux gris et noirs
- 1999 : Vmax type VP031 : bas de fourche poli, garde-boue genre carbone, roues polies, écopes et caches latéraux gris et noir
- 2001 : Vmax type VP031 : faux réservoir, garde-boue avant et arrière genre carbone, protecteurs tubes de fourche, écopes et caches bicolores
- 2002 : dernière année de vente de la Vmax 1200
- 2008 : retour de la Vmax en version 1700

FICHE TECHNIQUE

Puissance

100 ch à 7 500 tr/min, 11,7 mkg à 6 000 tr/min

Moteur, transmission

4-cylindres en V, 4-temps, refroidissement liquide, double ACT, 4 soupapes par cylindre. Alésage x course : 76 x 66 mm. Cylindrée : 1 198 cm^3. Taux de compression : 10,5 à 1. 4 carburateurs Mikuni à dépression de 35 mm. Embrayage : multidisque en bain d'huile à commande hydraulique. Allumage : électronique. Boîte de vitesses : 6 rapports. Démarreur électrique.

Partie-cycle

Cadre : double berceau tubulaire. Suspensions : AV : fourche télescopique de 40 mm, débattement 140 mm. AR : 2 amortisseurs télescopiques hydrauliques, réglables en précontrainte, amortissement et détente, débattement 99 mm. Roues : AV : 2,15-18. AR : 3,50-15. Pneus : AV : 110/90 x 18. AR : 150/90 x 15. Freins : AV : double disque ø 282 mm, étriers 2 pistons opposés. AR : simple disque ø 282 mm, étrier 2 pistons opposés. Dimensions : Empattement : 1 590 mm. Hauteur de selle : 765 mm. Garde au sol : 145 mm. Poids total : 258 kg à vide, 281,5 kg tous pleins faits. Réservoir de 15 litres, réserve de 3 litres. Carter moteur : 4,7 litres d'huile.

1985

YAMAHA FZ 750

Nantie d'un moteur de haute volée censé lui assurer une avance technologique pendant dix ans, la FZ 750 aura affaire, pour son plus grand malheur, à la Suzuki GSX-R 750...

1

« LE MALHEUR DE LA FZ 750 NE VIENT PAS DE SON FAIT, IL S'APPELLE SUZUKI GSX-R 750... »

Lorsque Yamaha présente cette FZ 750, les « communicants » de la marque disent à son propos qu'elle a été conçue comme une super-sportive, et que son moteur a fait l'objet de recherches poussées pour lui garantir une avance technologique susceptible de perdurer pour les dix ans à venir (!). De fait, ce quatre-cylindres impressionne ; largement découvert par le carénage de tête de fourche et les tubes du cadre en section carrée peints en noir, c'est lui, la vraie vedette : ses carters et son haut de culasse sont peints en doré, son inclinaison à 45° vers l'avant, le vide laissé derrière les cylindres (les carburateurs étant placés au-dessus de ces derniers, de manière à obtenir une admission verticale directe), tout cela conjugué frappe la rétine positivement. L'avantage de l'admission directe est aussi d'abaisser le centre de gravité, et d'assurer une meilleure répartition du poids entre l'avant et l'arrière. Le filtre à air est à la place du réservoir d'essence, ce dernier prenant la place… des carburateurs, un peu en arrière sous le pilote donc. La partie-cycle est à l'avenant, avec une roue de 16" à l'avant (18" à l'arrière), un cadre quasi identique à celui de la FJ 1100 reprenant le modèle de ce dernier, appelé « Lateral Concept Frame » : les tubes entourent le moteur et il n'y a pas d'épine dorsale. Signe qu'elle est destinée à s'aligner en compétition, la FZ 750 voit ses périphériques comme le phare, le tableau de bord, les clignotants ou le carénage se démonter aisément, ainsi que la partie arrière, ce qui laisse une belle marge de manœuvre aux préparateurs pour en faire une bête de course. Elle se classera d'ailleurs 3e aux 24 Heures du Mans en 1985, et aux mains d'Eddie Lawson gagnera un an plus tard les 200 Miles de Daytona. Alors, que peut-on lui reprocher, à cette Yamaha FZ 750 ? Eh bien son grand malheur ne vient pas de son fait, mais il s'appelle Suzuki GSX-R 750, et lorsque sa rivale est à son tour présentée peu après, on sait pertinemment que la partie est bien mal engagée. Ce qui ne manquera pas d'arriver, même si la carrière commerciale de la Yamaha sera en fait très honnête.

1 et 5- Comme le prouvent ces images prises à Estoril et au Castellet, la FZ 750 est avant tout taillée pour la course.
2- Le 4-cylindres incliné sur l'avant à 45° est entouré d'un cadre en tubes de section carrée.
3 et 4- Deux coloris étaient disponibles : gris ou noir.
5- La Yamaha FZ 750 fraîchement débarquée et préparée par Moto 2000, s'offre une troisième place aux 24 Heures du Mans 1985 !

FICHE TECHNIQUE

Puissance
100 ch à 10 500 tr/min

Moteur, partie-cycle
4-cylindres en ligne, 4-temps, refroidi par eau, 749 cm^3, couple 8 mkg à 8 000 tr/min.
Carburateurs Mikuni BDS ø 34 mm.
Transmission par chaîne.
Cadre acier en tubes de section carrée. Fourche télescopique à amortissement variable hydraulique, déb. 140 mm, suspension arrière Monocross, déb. 120 mm.
Frein AV double disque, frein AR simple disque.
Pneus AV-AR : Tubeless 120/80 x 16 – Tubeless 130/80 x 18.
Réservoir 22 litres.
Poids tous pleins faits : 236,8 kg.

SUZUKI
SUZUKI

1985

SUZUKI GSX-R 750

Dans l'histoire de la moto, il y a des références... et quelques mythes. La Suzuki GSX-R 750, première moto de course homologuée pour la route, est assurément à classer dans la seconde catégorie tant les critères qu'elle met en avant sont hallucinants pour l'époque.

On a peine à y croire, mais la lignée GSX-R n'est jamais sortie du catalogue Suzuki depuis 1985, date de la première année de commercialisation de la 750. 35 ans que ça dure, la 1000 continuant aujourd'hui d'inscrire la marque dans la catégorie sportive. D'ailleurs, la GSX-R 750 première du nom n'est pas une sportive mais une « super sportive », comme la qualifie le service marketing de Suzuki en 85. Quand elle débarque, elle ne dépareille pas dans un paddock d'endurance ou de Promosport. Normal, M. Yokouchi, le Project leader, a demandé à son ami Pop Yoshimura de travailler à l'élaboration du moteur. De plus, certains ingénieurs de l'équipe ont œuvré sur la 1000 sacrée championne du monde d'endurance l'année précédente. Le résultat transpire donc la course à plein nez : cadre alu (une première sur une grosse cylindrée à l'époque), double optique, bracelets sous le té supérieur, carburateurs à guillotine, refroidissement optimisé (le fameux Suzuki Advanced Cooling System qui utilise l'huile moteur comme liquide de refroidissement), gros filtre à air de 8 litres inséré dans la partie arrière du réservoir, freinage maousse, suspensions réglables, roues de 18 pouces (comme la 1000), alternateur repoussé derrière les cylindres pour obtenir une garde au sol de 120 mm permettant une prise d'angle de 55° (comme l'impose le règlement FIM pour les machines d'endurance), selle monoplace, tableau de bord racing monté sur de la mousse, poids plume (176 kg à sec) et puissance de 100 ch, soit le max autorisé en France à l'époque. Celle que nous prête Dominique Codzamanian, le président du Club11R, véritable référence en matière de GSX-R, est tout simplement magnifique. « J'en ai acheté deux et je les ai reconstruites entièrement d'origine en repartant du cadre car elles n'étaient pas en état, m'explique Dominique.

« On n'est pas posé sur une GSX-R, on est inséré dedans »

Les GSX-R 750, ce sont des sportives 100 % et elles peuvent avoir subi pas mal de dommages à cause de leurs propriétaires, de l'utilisation qu'ils en ont faite et des modes qui sont passées par là : tuning, courses, burns, wheeling... » Le résultat est impressionnant. La Suz' est superbe et en tournant autour de cet objet de collection, je commence à comprendre pourquoi Dominique a jeté son dévolu sur la famille GSX-R en général et sur cette « super sport » en particulier au point d'en faire un site, un forum, un club (voir Actu page 10). ça transpire le sport, le gros gaz, les montées en régime et les freinages de trappeur. ça sent la course ! « Je fais de la moto depuis 1976, reprend le président. D'abord avec une Honda 125 S3 – la même que celle du Challenge –, puis une 500 XT, une 750 GPZ et enfin, la GSX-R. Quand elle est arrivée en 85, je trouvais qu'elle était parfaitement adaptée à ma conception de la moto, du sport et à ma morphologie. Je n'ai jamais fait de compétition moto mais je fais partie des quelques motards qui n'hésitaient pas à aller sur les GP européens dans les années 80. Nous n'étions pas nombreux et ça faisait des bornes. Je suis allé à Assen trois fois, mais aussi à Rijeka, au Salzburgring et au Nürburgring. La 7R puis la 11R étaient parfaites pour ces virées. Voilà comment ça a commencé. » Avant de me laisser partir avec sa belle, il finalise le check-up. « Le problème récurrent de la 750, ce sont les freins. Les étriers 4 pistons se grippent très rapidement. Jusqu'à 30 000 km pas de souci, après, ça se dégrade. Et puis, le maître-cylindre d'origine de 14 mm ne génère pas beaucoup de pression, alors j'en ai mis un de 19 mm et j'ai monté des durites aviation. Pour le reste, tout est OK. Bien sûr, il faut faire attention aux plastiques, qui se fissurent rapidement et sont fragiles. Surtout que certaines pièces sont désormais introuvables. La tête de fourche 85 par exemple... » Une façon diplomatique de me dire de faire très attention ? Peut-être. En attendant, la bête a gentiment chauffé sur sa latérale, on peut y aller. D'entrée, la place est comptée. Derrière la bulle, mais surtout au niveau des jambes. Il faut se replier. On n'est pas posé sur la GSX-R mais inséré dedans. Cela dit, rien ne gêne, les jambes sont repliées et les pieds placés assez haut. Malgré tout, les commandes sont précises même si la poignée d'accélérateur de la moto de Dominique aurait mérité d'être plus douce. Très vite, on prend confiance, notamment grâce à un frein avant diabolique de précision et de puissance.

« Propulsé de 140 à 230 km/h ! »

Le reste est à l'avenant. La partie-cycle est saine, plutôt rigide, « j'ai mis des ressorts Hyperpro dans la fourche et remplacé l'amortisseur d'origine, serti et non reconstructible, par un EMC », enchérit Dominique, et si la GSX-R n'est pas le poids plume annoncé, sa maniabilité est exemplaire et son comportement général sans mauvaises surprises. Mais LE truc de cette moto, c'est son bouilleur et les accélérations qu'il procure. De nos jours, ce rapport poids/puissance de 176 kg

1

1- Le cul carré de la GSX-R 85.
2- Les fameux Mikuni VM de 29 mm à guillotine.
3- Tableau de bord racing avec ses compteurs posés sur un bloc de mousse.
4- Côté accélération, la première supersport du marché a du répondant.

Fiche technique

Puissance

100 ch à 10 500 tr/min, 7,2 mkg à 8 500 tr/min

Moteur, transmission

4-cylindres en ligne, 4-temps, refroidi par air et huile (SACS), double ACT, 4 soupapes par cylindre.
Alésage x course : 70 x 48,7 mm. Cylindrée : 749 cm3.
Taux de compression : 10,6 à 1. 4 carburateurs Mikuni VM ø 29 mm à guillotine. Embrayage : multidisque en bain d'huile.
Allumage : électronique. Batterie, bobine, rupteurs : 12V.
Boîte de vitesses : 6 rapports. Démarreur électrique.

Partie-cycle

Cadre : double berceau tubulaire en aluminium (Al-Box).
Suspensions : AV : téléhydraulique ø 41 mm à amortissement progressif, détente et compression réglables, débattement : 130 mm.
AR : mono-amortisseur Full-Floater, réglable en précompression et en détente, débattement : 127 mm.
Roues en alliage : AV : 110/80 x 18. AR : 140/70 x 18.
Freins : AV : double disque ø 300 mm, étriers 4 pistons.
AR : simple disque ø 220 mm, étrier double piston.
Dimensions : Empattement : 1 425 mm.
Hauteur de selle : 765 mm. Garde au sol : 120 mm.
Poids total : 176 kg à vide, 200 kg tous pleins faits.
Réservoir de 19 litres, réserve de 4 litres. Carter moteur : 4 litres d'huile.

2

3

7R85/7R86

DIFFERENCES

- Tête de fourche : 3 vis latérales sur 7R85, 2 sur 7R86.
- Flancs de carénage : ouïes et design modifiés sur 7R86.
- Sabot : rentrant sur 7R85, il enrobe la roue AV du 7R86.
- Double optique : bombée sur 7R85, plate sur 7R86.
- Support de tête de fourche et potence différents.
- Bras oscillant : + long de 25 mm sur 7R86.
- Selle : 2 parties sur 7R85 (avec dosseret), biplace sur 7R86.
- Boutons de commodos : gris sur 7R85, jaunes et rouges sur 7R86.
- Grille de pot à trous sur 7R85.
- Déco réservoir : le « R » est horizontal sur 7R85, incliné sur 7R86.

> « M. YOKOUCHI, LE PROJECT LEADER, A DEMANDÉ À POP YOSHIMURA DE TRAVAILLER SUR LE MOTEUR »

4

1

« LA LIGNÉE GSX-R N'EST JAMAIS SORTIE DU CATALOGUE SUZUKI DEPUIS 1985 ! »

1- De face, la GSX-R 750 respire la course comme jamais : double optique, fourche secondée d'un système d'amortissement réglable en 4 positions, carénage intégral, etc.
2- La pièce maîtresse de la bête : son cadre alu.
3- Plaque de protection à trous, bras alu et suspension Full-Floater.
4- Le double disque est pincé par des étriers 4 pistons. La fourche hérite d'un système d'amortissement progressif.
5 - Sur la 7R85, les boutons de commodos sont gris.
6- Le double câble d'accélérateur s'occupe de l'ouverture des Mikuni VM à guillotine.

pour 100 ch fait sourire, pas en 1985. Surtout face aux autres 750 : VF 750 F (249 kg / 86 ch), FZ 750 (224 kg / 100 ch) ou GPZ 750 Turbo 85 (241 kg / 112 ch). La GSX-R 750 est bien un avion de chasse. D'ailleurs, Gilbert Roy n'en revenait pas lors du 1er essai de la bête sur le circuit Ryuyo, près d'Hamamatsu. « La première est assez longue mais il faut voir avec quelle rapidité on est propulsé de 140 à 230 km/h. Impressionnant, surtout entre 8 000 et 11 500 tr/min. à ces régimes, la mécanique nous joue une musique divine. » Racée, performante, pensée course (3 kits usine étaient dispos pour la compétition : 115 ch, 125 ch et 130 ch), la première supersport de l'histoire arrive au bon moment, soit au mitan des eighties lorsque la performance devient la principale référence des motards. Avec cette machine de série pouvant rivaliser avec les Godier, les Martin et toutes les motos bricolées en sportives de l'époque,

les Japonais tapent dans le mille. à tel point que, 35 ans plus tard, elle sort toujours la tête haute et vend encore chèrement sa peau sur petite route ou sur circuit.
Une référence ? évidemment. Un mythe ? Assurément !

1986

HONDA VFR 750 F

Dans le genre « routière sportive », la Honda VFR 750 F est restée dans les mémoires. Elle a été remplacée par la VFR 800 en 1998 et cette dernière fi gure toujours au catalogue du constructeur.

1

« CETTE VFR EST PARTICULIÈREMENT SOIGNÉE SUR LE PLAN AÉRODYNAMIQUE ET ESTHÉTIQUE »

2

On a même dit d'elle que c'était « la reine de la route ». Le choix d'un moteur V4, une conception sur laquelle Honda travaillait depuis 1979 avec la célèbre NR 500, avait été adapté à la production avec le modèle VF 750 C à partir de 1982. Trois ans plus tard, Honda présente la petite nouvelle au soir d'un Bol d'Or remporté par Gérard Coudray, Patrick Igoa et Alex Vieira sur la RVF, version course d'une VFR 750 F dont le positionnement n'est pas encore très clair à ce moment-là. Quelques mois après, la présentation officielle a lieu en Espagne, sur un circuit de Jerez dont les travaux ne sont pas encore tout à fait achevés. La question est posée dès l'introduction de cette première prise de contact : « Est-ce une supersport, une hypersport, une routière sportive ou une sportive routière ? Au secours ! On commence à s'y perdre dans toutes ces appellations fumeuses. » Plus légère de 20 kilos par rapport à la VF 750 C, cette VFR est particulièrement soignée sur

3

1 et 3- Publicité flatteuse pour une moto à l'esthétique soignée. 2 et 4- À l'aise en toutes circonstances, la VFR combinait maniabilité et stabilité.

le plan aérodynamique et esthétique. Le Japon a suivi le cahier des charges de ses filiales européennes, qui lui réclament ni plus ni moins qu'une Porsche en version motocycliste. Motorisée par ce V4 dont les caractéristiques en font un mix idéal entre performances et caractère, la nouvelle Honda se révèle immédiatement accueillante, rassurante, « ni trop tourisme ni trop sport », et les chiffres donnés par Honda (245 km/h couché en vitesse maximale et 11"25 aux 400 mètres départ arrêté) la placent devant la Suzuki GSX-R 750 et la Yamaha FZ 750. Toujours selon le constructeur, la consommation est de 6,7 litres aux cent à vitesse constante de 160 km/h. En piste, à Jerez, la VFR, qui n'est donc ni une « super » ni une « hyper » sport, donne la mesure de sa polyvalence et de ses très nombreuses qualités routières… un peu sportives tout de même ! La tenue de route et la maniabilité sont excellentes, le freinage (« les plaquettes en métal fritté comprennent 40 % de céramique et une isolation thermique en céramique à la place du sandwich amiante-métal de la VFF, cela pour réduire la dispersion thermique ») très efficace et parfaitement dosable. Nous sommes en 1986. La VFR 750 F est lancée sur une voie royale.

Fiche technique

Puissance

100 ch à 10 500 tr/min

Moteur, partie-cycle

4-cylindres en V à 90°, 4-temps, refroidi par eau, 748 cm³, couple 7,2 mkg à 8 500 tr/min. Taux de compression 10,5 à 1. Carburateurs à dépression Keihin ø 34 mm. Transmission par chaîne. Cadre en aluminium extrudé de section rectangulaire ouvert, partie arrière détachable en acier. Fourche téléhydraulique ø 37 mm avec système antiplongée TRAC, suspension arrière Pro-Link. Frein AV double disque ø 276 mm, frein AR simple disque ø 256 mm. Pneus AV/AR : 110/90 x 16 / 130/80 x 18. Réservoir 20 litres. Poids tous pleins faits : 223 kg.

4

1986

SUZUKI GSX-R 1100

Un an après la 750, la GSX-R en version 1100 cm^3 est présentée au public. Un monstre sportif qui arrive cependant pile au moment de l'entrée en vigueur de la limitation à 100 chevaux.

1

> **« SEULS LES UTILISATEURS SPORTIFS SERONT CHARMÉS PAR CE TEMPÉRAMENT BOUILLANT À HAUT RÉGIME PAR LA MUSIQUE DU 4-EN-1 »**

FICHE TECHNIQUE

Puissance

100 ch à 9 500 tr/min

Moteur, partie-cycle

4-cylindres en ligne, 4-temps, refroidi par eau, 1 052 cm^3, couple 10,7 mkg à 8 200 tr/min. Taux de compression 10 à 1. Carburateurs Mikuni BST 34 SS à guillotine. Transmission par chaîne. Cadre double berceau tubulaire en aluminium de section rectangulaire. Fourche téléhydraulique ø 41 mm avec système antiplongée, déb. 130 mm, suspension arrière Full-Floater, déb. 126 mm. Frein AV double disque ø 310 mm, frein AR simple disque ø 220 mm. Pneus AV/AR : 110/80 x 18 / 150/70 x 18. Réservoir 19 litres. Poids tous pleins faits : 223 kg.

Plus de trente ans après son arrivée sur Terre (sic), les souvenirs générés par la GSX-R 1100 font encore frissonner ceux qui ont croisé sa trajectoire. Une moto que l'on qualifie aujourd'hui de « mythique », même si ce terme est un peu galvaudé à force d'avoir été cuisiné à toutes les sauces. Mais en 1986, le sentiment n'est pas le même. En cause, la loi limitant la puissance des motos à 100 chevaux, effective depuis le début de l'année. Donnée pour 100 chevaux, la GSX-R 1100 en a donc perdu une trentaine au passage de la frontière française. De 1,51 kg/ch, son rapport poids/puissance passe ainsi à 1,79 kg/ch. Comparée à sa petite sœur de 750 cm^3, le rapport est défavorable à la grande. Un peu gênant pour des débuts annoncés en grande pompe. Car la 1100 n'est qu'une 750 surdimensionnée : la partie-cycle est renforcée, le diamètre des disques de frein augmenté, le bras oscillant consolidé. Elle reçoit pour sa

1- Bridée à 100 chevaux sur le territoire français, la 1100 se révèle un peu décevante en piste.
2- Le cadre alu à nu.
3- La zone rouge à 10 500 tr/min.
4- Un « éclaté » éclairant.
5- Automne 1985, *Moto Revue* présente la Suzuki GSX-R 1100 en grande pompe.

fourche un nouveau système antiplongée à commande électrique appelé NEAS (New Electrically Activated Suspension), ainsi qu'un amortisseur de direction et un réservoir d'huile séparé pour le mono-amortisseur du système Full-Floater. Mais l'essai, poussé comme il se doit, se révèle décevant. Prenant pour point de référence les grosses cylindrées du moment (Yamaha FJ 1100 ou Suzuki 1100 EF), on conclut que « la nouvelle GSX-R ne fait pas mieux ». On ajoute même, pour enfoncer le clou : « Seuls les utilisateurs sportifs seront charmés par ce tempérament bouillant à haut régime, par la musique du 4-en-1 ; mais très objectivement et par rapport à la précédente génération (Ninja, VF 1000 F, 1100 EF et J), il n'y a pas de progrès. » Clairement causé par le passage en 100 ch (« pas étudié en conséquence, il étouffe complètement le moteur à haut régime »), le bilan est sévère. La partie-cycle souffre d'un avant un peu léger, que l'on peut résoudre en faisant quelques petites modifi cations ; tout comme la plupart des propriétaires « résoudront » à leur manière le problème de cette satanée limite de 100 chevaux… si vous voyez ce qu'on veut dire.

1986

KAWASAKI GPZ 1000 RX

La 1000 RX devait remplacer la 900 Ninja. Elle réussit à devenir la plus rapide de cette année 1986, ce qui lui vaut une place de choix dans ce livre. Mais ce fut une étoile filante dans la galaxie de la performance.

1

« ON OPTE SANS HÉSITATION POUR LE PLAISIR IMMÉDIAT, LES PERFORMANCES TOP, LES LIGNES AGRESSIVES »

Fiche technique

Puissance

125 ch à 9 500 tr/min

Moteur, partie-cycle

4 cylindres en ligne, 4-temps, refroidissement liquide, 997 cm³, couple : 10,1 mkg à 8 500 tr/min.
Distribution : double ACT, 16 soupapes.
R. vol/alim. : NC/4 carburateurs.
Boîte : 6 rapports.
Transmission par chaîne (NC).
Cadre en acier de type Diamant.
Fourche télescopique antiplongée ø 40 mm, déb. 140 mm / monoamortisseur, déb. 115 mm.
Frein AV : 2 disques ø 280 mm, frein AR : 1 disque ø 260 mm.
Pneus AV/AR : 120/80 x 16 / 150/80 x 16.
Réservoir (réserve) : 21 litres (3 litres).
Poids : 267 kg pleins faits.

La course à l'armement fait rage chez les constructeurs japonais, et la surenchère est de mise. C'est ainsi que la 1000 RX naquit en 1986. Cette GPZ1000RX, dénommée aussi Ninja 1000 R aux States devait remplacer la Ninja d'origine, la GPZ900R, mais il s'est avéré que cette dernière a continué de vivre aux côtés de GPZ1000RX, et lui a même survécu. Pourtant, l'espace de deux petites années, la 1000 RX est devenue la machine de production la plus rapide, avec une pointe de vitesse mesurée à 258 km/h. Un record facilement atteignable grâce à un moteur 4 cylindres à 16 soupapes à double came de 997 cm³ développant 125 chevaux. Avec son carénage intégral, dont les clignotants intégrés, la GPZ 1000 RX repoussa facilement les limites de la vitesse, malgré un embonpoint certain marqué par un poids de 267 kilos pleins faits. Pourtant, dans Moto Journal, on se pose une autre question : « Qu'est ce qui, au-delà des dimensions

1- Le carénage intégral, avec les fameux clignotants intégrés n'était plus sa vocation première.
2- Le poste de pilotage est résolument sportif.
3- Zone rouge à 10500 tr/min et vitesse maxi à 258 km/h pour cette Ninja.
4- La 1000 RX bénéficie de deux sorties d'échappement positionnées de chaque côté.
5- La une de MJ pour le comparo entre la RX et la GTR.
6- Née sportive, la 1000 RX faisait parler la poudre sur les circuits, mais ce n'était plus sa vocation première.

du carénage, des sacoches et du cardan, différencie une 1000 RX d'une GTR 1000 ? La première, plutôt sportive à priori, est également reconnue pour ses qualités de routière confortable. » Et voilà comment les essayeurs prennent la tangente pour se rendre aux GP de Yougoslavie par la route pour décider laquelle est la plus voyageuse, et la plus jouissive, aussi, selon MJ toujours dans le texte « Quand il s'agit de rouler égoïste, le choix n'est pas difficile, on opte sans hésitation pour le plaisir immédiat, les performances top, les lignes agressives et la conduite réjouissante d'un RX. (...) cadre, suspensions, roues, système de freinage, tout est spécifique (...) la RX, hautes performances et usage sportif obligent, privilégie la stabilité à grande vitesse et la tenue de courbe au détriment parfois du confort ou de la logeabilité. » La 1000 RX alliait donc les qualités d'une sportive avec une dose de voyageuse. Un mix qui a perduré chez Kawasaki pendant longtemps, mais sous une autre appellation, puisque la lignée ZZR reprit le flambeau de ces sport GT (puis les versions SX au début des années 2010). Et pour la sportivité, c'est une autre machine mythique qui prit la suite de la RX : la ZX 10 « Tomcat » en 1988. Pour la petite histoire , la GPZ900R est restée au catalogue jusqu'en 1990 !

1987

HONDA RC30

S'il fallait ne conserver qu'un joyau des années 80, la RC30 recevrait certainement tous les suffrages.

1

« LA RC30 DE SÉRIE EST TOUT SIMPLEMENT ANNONCÉE PLUS RAPIDE QUE LA RVF 100 % FACTORY ! »

1- Chaque détail, chaque pièce ont été soignés à l'extrême. Par ailleurs, les RC30 héritent d'une plaque sur laquelle est inscrit : « Pour ceux qui apprécient ce que le sport moto a de meilleur à leur offrir ! »
2- Cette transparence nous laisse détailler la bête sous tous les angles. Un travail commun entre le HRC et le R&D du premier constructeur mondial.
3- Devant un lycée en 1988. « Pour aller à l'école ou pour gagner le Bol », un slogan qui aurait pu lui aller.
4- L'équipement de bord est incroyable sur une telle machine. L'indicateur de température d'eau n'étonnera personne, ni les maître-cylindres déportés d'embrayage et de frein.

2

3

Plutôt que d'envoyer une voiture électrique faire des ronds autour du soleil en février 2018 dans sa fusée Falcon Heavy, Elon Musk (fondateur de SpaceX et Tesla) aurait mieux fait d'opter pour une œuvre d'art mécanique. Une Honda RC30 par exemple. Là, les petits Martiens auraient été bluffés pour de bon par le savoir-faire de la gent humaine. Car cette moto qui débarque en concessions en 1988 est tout simplement ce que l'on a fait de mieux en termes de replica. Copiée sur la RVF qui fait des prouesses en championnat du monde d'endurance aux mains de Dominique Sarron notamment, la VFR 750 R a été en partie prise en charge par le HRC. Ce qui est une première, le département course du premier constructeur mondial ne s'occupant jusqu'alors que de machines de course. Et pour ce faire, ils ont mis la barre très haut. Très, très haut. L'idée ? Permettre au motard lambda de pouvoir rouler sur une machine d'usine homologuée, celle du Bol d'Or qui plus est. Alors, pour enfoncer le clou, Kazuo Honda, le Project leader, demande à ses ingénieurs de ne pas se contenter de copier la RVF 87, mais de prendre comme référence la RVF Factory 88 alors en phase de finition. Le top du top. Côté moteur, le V4 de 748 cm^3 est calé à 360° afin d'obtenir de meilleures montées en régime. Par ailleurs, les arbres à cames de la bête sont entraînés par pignons, ce qui réduit de 40 % les diverses frictions. Ils sont également montés sur roulement à aiguilles. Allumage simplifié, bielles en titane, la RC30 hérite aussi de 4 Keihin de 35 mm et d'un innovant système qui consiste à refroidir l'huile du moteur par une circulation d'eau au niveau du filtre.
Côté performances, les premiers essais au Japon donnent le tournis : 255 km/h en vitesse de pointe, 265 en changeant le silencieux, le filtre à air et le gicleur principal. Et dotée du kit complet TTF1 (2 kits sont prévus au catalogue plus une ribambelle d'options...), la RC30 de série est tout simplement annoncée plus rapide que la RVF 87 100 % Factory ! Bien sûr, la partie-cycle n'est pas en reste.

Faite à la main et pensée course

Un cadre porteur type Diamant avec deux énormes longerons aluminium où vient s'accrocher un monobras

4

aluminium lui aussi de forte section. Des suspensions haut de gamme (fourche de 43 mm à double réglage et mono-amortisseur), selle monoplace, une roue arrière de 18 pouces équipée d'un système de démontage ultra-rapide, de gros freins, un carénage intégral et une tête de fourche double optique. Bref, on n'a encore jamais vu autant d'opulence technique sur une moto de série. Et lorsqu'on détaille la bête, cette sensation de moto faite à la main et pensée pour la course est une évidence. Des soudures parfaites, des boulons freinés, des démontages rapides (les vis Zeus pullulent et la fourche adopte des fixations à coquilles basculantes), des pièces « made in HRC » comme la tige d'ancrage de l'étrier de frein arrière qui nécessite 2 biellettes, trois rotules et un axe de communication traversant le monobras pour maintenir l'étrier faute de place côté roue. Ou encore, l'ancrage de la roue arrière et les 4 plots coniques qui aident à la positionner sur l'axe central de 50 mm. La RC30 est assurément une moto HRC. Mais Honda a également redoublé d'efforts pour que sa replica soit facile d'utilisation. Ainsi, commodos, tableau de bord et habillage sont-ils hyper soignés. Même la selle monoplace est confortable. Le bloc ne délivre que peu de vibrations, la sonorité est rauque mais plutôt discrète

1

2

3

4

5

1- Le monobras alu et le mécanisme sophistiqué d'ancrage de l'étrier de frein arrière.
2- Double optique, carénage intégral : le ton est donné.
3- Petite plaque de protection Factory afin d'éviter que la tubulure ne chauffe trop.
4- Les commodos sont ceux d'une machine de série haut de gamme.
5- Seul le starter est un peu perdu sur la RC30.
6- Bien calé entre le réservoir et le dosseret de selle, on profite de la santé du bouilleur et de la rigidité de l'ensemble, même sur petites routes.

et que dire des sensations que cette RC30 procure ! Côté position de conduite, on est assez replié derrière les guidons placés sous le té supérieur. La bulle est basse, la place est comptée derrière le réservoir. Mais tout sonne incroyablement juste.

Chaque bout de bitume est un début d'extase

Le seul « faux pas » esthétique est le starter posé sur le flanc gauche qui semble un peu perdu. Le reste laisse sans voix. Le bruit du V4 déjà, ses prises de tours très vives, la douceur et la précision des commandes et pour finir, la fermeté de l'ensemble qui n'a d'égale que la qualité des équipements. La boîte est classique mais les rapports se verrouillent parfaitement et l'embrayage à friction différentielle (en 2 parties) évite les à-coups à la décélération. Alors, très vite, on se sent enconfiance, voire à l'aise sur la RC30. Et on reconnaît bien là la patte du HRC dont les ingénieurs ont su allier performance, confort et fiabilité. Les accélérations sont franches, la moto ne se tortille jamais et son freinage est stupéfiant d'efficacité. Ah, bien sûr, la belle ne sera jamais plus agile que sur circuit où son incroyable potentiel ravira les plus sportifs mais sur les grands axes et même sur petites routes, chaque bout de bitume sera un début d'extase à son guidon. Vendue 85 000 F à sa sortie en 1988 (2 fois le prix d'une Suzuki GSX-R 750 !), cette copie conforme de la RVF d'endurance sera fabriquée à 2 300 unités et rentrera illico dans le clan des machines de collection. Les heureux possesseurs de la bête aujourd'hui voient sa cote grimper à plus de 30 000 € pour les modèles avec un faible kilométrage ou n'ayant pas roulé en compétition. Ce qui est rarissime. Eh oui, Elon, ce n'est pas un bout de plastique qu'il fallait envoyer là-haut, c'est une Honda RC30 !

Fiche technique

▸ Puissance

112 ch à 12 000 tr/min - 8,8 mkg à 9 000 tr/min

▸ Moteur, transmission

V4 ouvert à 90°, 4-temps, refroidissement liquide, double ACT entraînés par pignons, 16 soupapes. Alésage x course : 70 x 48,6 mm.
Cylindrée : 748 cm3. Taux de compression : 11 à 1.
Carburateurs : 4 carburateurs Keihin ø 35 mm à dépression.
Embrayage : multidisque en bain d'huile. Allumage : électronique.
Boîte de vitesses : 6 rapports.

▸ Partie-cycle

Cadre : type Diamant, double poutre aluminium à section pentagonale + monobras Pro Arm aluminium. Suspensions : AV : téléhydraulique ø 43 mm, double réglage, débattement 200 mm. AR : mono-amortisseur, réglable en précontrainte (3 positions), débattement 170 mm.
Roues en aluminium coulé : AV : 3,00 x 17. AR : 5,50 x 18.
Pneus : AV : 120/70 x 17. AR : 170/60 x 18.
Freins : AV : double disque ø 310 mm, étriers Nissin 4 pistons.
AR : simple disque ø 220 mm, étrier 2 pistons.
Dimensions : Empattement : 1 410 mm. Hauteur de selle : 785 mm.
Garde au sol : 130 mm. Poids total : 185 kg à vide, 208 kg tous pleins faits.
Réservoir en aluminium de 18 litres, réserve : 3,5 litres.
Carter moteur : 2 litres d'huile.

HONDA
VFR750R
HON

BOL D'OR
HONDA
HONDA

« LA COTE DE LA RC30 FRISE LES 35 000 € POUR LES MODÈLES AFFICHANT UN FAIBLE KILOMÉTRAGE »

1987

HONDA XL 600 V TRANSALP

Le premier constructeur mondial, faisant feu de tout bois, lance avec cette Transalp ce qui s'avérera être un véritable trail routier capable d'abattre des kilomètres dans un confort jusqu'ici inédit.

1

2

3

4

Après le turbo sur sa CX 500, la suspension mono-amortisseur Pro-Link sur sa CBX 1000, un V-twin de 750 cm^3 sur sa XLV, une 400 cm^3 deux-temps répliquant la machine de Freddie Spencer en Grands Prix et enfi n un V4 ultra-moderne pour sa VFR 750 F, voilà que Honda, en 1987, dans le but de répondre aux desiderata d'une clientèle n'utilisant ses trails monocylindres en tout-terrain qu'à de très rares occasions (on l'estime entre 10 et 20 %), imagine un nouveau concept avec cette Transalp. Elle embarque le moteur bicylindre en V de la VT 500, dont les caractéristiques sont revues pour mieux coller à la vocation de la machine : sa cylindrée monte à 583 cm^3, la transmission secondaire est à présent à chaîne, et ce bicylindre est installé dans un cadre en tubes d'acier de section carrée, un simple berceau dédoublé à double épine dorsale. L'équipement est riche : réservoir d'essence de 18 litres, longue selle biplace, repose-pieds crantés recouverts d'un caoutchouc amovible, et carénage solidaire du cadre et du réservoir, étudié en soufflerie et profilé pour une efficacité optimale. Les optiques de phare rectangulaire et les clignotants y sont intégrés. Peu après sa commercialisation, *Moto Revue* décide de mettre la petite nouvelle à l'épreuve, en plein hiver, en lui faisant faire un tour de France avec six relais effectués par six essayeurs différents, sans arrêts autre que ceux pour l'essence et les petites pauses-café/restauration. Le parcours relie dans l'ordre Paris à Calais, Caen via Rouen, Brest, Nantes via Vannes, Bordeaux, Hossegor pour un test 100 % tout-terrain, Toulouse, Nice via Béziers et Montpellier, Grenoble, Mulhouse, Strasbourg, Reims et enfin Paris, soit 4 200 kilomètres en 72 heures, de jour comme de nuit, et le plus souvent sous une pluie tenace. En dehors du pneu arrière devenu carré et d'une autonomie trop juste, il n'y aura rien à signaler. Quant au test off-road, il mettra en évidence un changement de cap opéré par cette machine : « Alors que le concept initial des trail-bikes (remember les Yamaha AT1 et DT1) était de partir d'un engin à tendance franchement TT qui s'avérait utilisable sur route, celui de la Transalp est de partir d'un engin de route pour tenter de le rendre (un peu) utilisable en TT. Il est clair que cela n'a plus rien à voir. »

5

1- Tour de France non-stop sous la pluie de nuit vers Montpellier.
2- La Transalp sur la route Napoléon.
3 et 4- Un équipement d'une richesse inédite pour un trail.
5- La Honda Transalp tient la vedette en couverture de *Moto Revue*.

Fiche technique

▸ Puissance

55 ch à 8 000 tr/min

▸ Moteur, partie-cycle

Bicylindre en V à 52°, 4-temps, refroidi par eau, 583 cm^3, couple 5,5 mkg à 6 000 tr/min. Taux de compression 9,2 à 1. Carburateurs à dépression ø 32 mm. Transmission par chaîne. Cadre simple berceau dédoublé en tubes d'acier de section carrée. Fourche téléhydraulique ø 41 mm, déb. 200 mm, suspension arrière Pro-Link, déb. 190 mm. Frein AV simple disque ø 276 mm, frein AR tambour simple came ø 130 mm. Pneus AV/AR : 90/90 x 21 / 130/80 x 17. Réservoir 18 litres. Poids tous pleins faits : 191 kg.

1987

YAMAHA FZR 1000

Cette fois, Yamaha sort le grand jeu, dans la foulée de sa FZ 750. À l'usage, la FZR 1000 va cependant se révéler plus routière que sportive, en dépit de son look ravageur.

1

« VOUS AVEZ LA GUEULE DE LA SPORTIVE SANS EN AVOIR LES INCONVÉNIENTS »

Lancé avec la FZ 750 deux ans plus tôt, le concept « Genesis », qui concerne l'appellation des machines dont le moteur est incliné à 45° vers l'avant, avec l'admission verticale directe, se retrouve donc dans cette FZR 1000, dont on se demande à l'époque si oui ou non, elle a l'intention de piétiner les plates-bandes de la Suzuki GSX-R 1100.
Sur le plan esthétique, il n'y a pas vraiment d'ambiguïté : directement inspirée des machines alignées au Bol d'Or ou aux 24 Heures du Mans en endurance, avec cette double optique, ses entrées d'air sur le carénage intégral, sa selle monoplace et son échappement 4-en-1, elle frappe fort.
Rappelons que l'avantage de l'architecture particulière de ce moteur est, entre autres, d'abaisser le centre de gravité, grâce à l'espace libéré par les carburateurs placés en haut où se loge désormais le réservoir d'essence. L'espace

1- L'essai révèle une tenue de route proche de la perfection. 2 et 3- Le look racing de la machine alignée en endurance. Ci-dessus, la couverture annonçant l'essai de la bête.

habituel dudit réservoir est occupé par le filtre à air. Mais la FZR 1000 innove aussi avec une partie-cycle haut de gamme, où l'aluminium tient la vedette. Le cadre Deltabox, signature de la marque aux diapasons qui est toujours d'actualité aujourd'hui, est donc chargé d'accueillir le quatre-cylindres. Constitué non plus de tubes mais de caissons dont l'épaisseur peut être variable, il permet de donner une géométrie différente au cadre, qui relie directement et en ligne presque droite l'axe de la colonne de direction au bras oscillant, et ce, grâce à des formes triangulaires. Cette technique venant des motos de Grands Prix est utilisée pour la première fois avec cette FZR (dont le bras oscillant et les roues, eux aussi, en aluminium).
À l'essai, elle révèle sa vraie nature. « Finalement, c'est bien là qu'est la surprise : sous ses dehors ravageurs, la FZR 1000 possède en fait un moteur de vraie routière. Elle ne consomme pas beaucoup (moins de 8 litres aux cent en roulant normalement) et dispose de reprises qui la placent très près des mesures réalisées avec la FJ 1100, c'est-à-dire beaucoup mieux que les Kawasaki 1000 RX et Suzuki GSX-R 1100. (...) Vous avez la gueule de la sportive sans en avoir les inconvénients. »

Fiche technique

Puissance

100 ch à 9 500 tr/min

Moteur, partie-cycle

4-cylindres en ligne, 4-temps, refroidi par eau, 989 cm^3, couple 8,7 mkg à 8 500 tr/min. Taux de compression 11,2 à 1. Carburateurs Mikuni BDS 37. Transmission par chaîne. Cadre Deltabox double berceau en aluminium. Fourche téléhydraulique ø 41 mm avec système antiplongée, déb. 130 mm, suspension arrière Monoshock, déb. 130 mm. Frein AV double disque ø 320 mm, frein AR simple disque ø 267 mm. Pneus AV/AR : 120/70 x 17 / 160/60 x 18. Réservoir 20 litres. Poids tous pleins faits : 229 kg..

1988

HONDA NTV 650

C'est, comme on l'a dit à l'époque, une version routière de la Transalp équipée d'un cardan que Honda propose avec cette NTV 650. Une machine increvable qui va connaître une belle carrière.

1

> « ON ATTENDAIT UNE VT 650, VOIRE UNE VT 750, HONDA VA ENCORE PLUS LOIN »

Quoique rendu « perplexe » par son tarif (près de 40 000 francs en 1988, soit près de 10 000 euros actuels), l'essayeur de *Moto Revue*, en prenant en main la Honda 650 NTV Revere, catalogue la nouveauté comme « machine-outil ». Un titre qui lui va plutôt bien et qui se vérifiera à l'épreuve de la commercialisation, car cette moto va faire le bonheur des « roule-toujours » et, accessoirement, des coursiers à moto. Increvable, motorisée par un V-twin qu'elle partage avec la Transalp, mais dont l'alésage et le taux de compression ont été augmentés, dotée d'un cardan logé dans un monobras oscillant, elle est techniquement plus sophistiquée qu'elle n'y paraît de prime abord. Sa partie-cycle est très sérieuse, l'ensemble monobras/mono-amortisseur/cadre à double épine dorsale (direct de l'axe de bras oscillant à la colonne de direction) parfaitement réalisé, de

1- Son nom complet était : Honda NTV 650 Revere, qui signifie « vénérer » en français.
2- Un cardan intégré dans le monobras.
3- Ne manquait qu'une jauge à essence.
4- Une moto increvable pour les roule-toujours.
5-Couverture 100 % Honda avec la NTV, la NXR du Rallye de l'Atlas et les exploits de Jean-Michel Bayle.

qualité Honda en somme. La machine est également dotée de deux roues de 17 pouces de très belle facture, ainsi que d'un grand disque de frein avant de 316 mm de diamètre, le frein à disque arrière étant, quant à lui, positionné entre le carter du cardan et les branches incurvées de la roue. Ajoutons à son descriptif l'esthétique de l'échappement extrêmement court, les chromes et la finition des plus soignées, et l'on commence à mieux comprendre pourquoi, en dépit de son prix élevé, elle va pourtant connaître un beau succès commercial, elle qui sera remplacée par la Deauville dix ans plus tard, une machine qui palliera elle aussi avec succès les rares défauts notés sur la NTV, comme l'absence de carénage, embêtante sur une moto du quotidien et/ou utilitaire. Sa mission ? Remettre Honda au top dans le créneau des moyennes cylindrées. « Sophistication, image luxueuse, présentation soignée… la NTV fait de l'œil aux clients sages bien sûr, mais au portefeuille relativement bien garni. Il fallait bien remplacer les CX 650 et VT 500. On attendait une VT 650, voire une VT 750 : Honda va plus loin avec la NTV. » Et comme souvent, l'Histoire donnera raison à Honda.

Fiche technique

Puissance

60 ch à 7 500 tr/min

Moteur, partie-cycle

Bicylindre en V à 52°, 4-temps, refroidi par eau, 647 cm³, couple 6 mkg à 6 500 tr/min. Taux de compression 9,4 à 1. Carburateurs à dépression ø 34,5 mm. Transmission par cardan. Cadre double épine dorsale à structure ouverte en acier. Fourche hydraulique ø 41 mm, déb. 130 mm, suspension arrière Pro-Arm sur monobras aluminium, déb. 120 mm. Frein AV simple disque ø 316 mm, frein AR simple disque ø 276 mm. Pneus AV/AR : 110/80 x 17 / 150/70 x 17. Réservoir 19 litres. Poids à sec : 188 kg.

1988

DUCATI 851

La voilà, la future superstar du championnat du monde Superbike. Préfigurant le chef-d'œuvre de Bologne que sera la 916, cette 851 inaugure le moteur Desmoquattro et l'injection électronique.

1

« C'EST UNE MOTO DE COURSE DÉGUISÉE, LA PREMIÈRE À ALLER SI LOIN DANS LA DÉMARCHE »

FICHE TECHNIQUE

▸ Puissance

90 ch à 8 250 tr/min

▸ Moteur, partie-cycle

Bicylindre en V à 90°, 4-temps, refroidi par eau, 851 cm^3, couple 8,87 mkg à 8 000 tr/min. Taux de compression 10,4 à 1. Injection électronique. Transmission par chaîne. Cadre treillis tubulaire en acier. Fourche téléhydraulique ø 41,7 mm, déb. 105 mm, suspension arrière type Full-Floater, déb. 96 mm. Frein AV double disque ø 280 mm, frein AR 1 disque ø 260 mm. Pneus AV/AR : 130/60 x 16 / 160/60 x 16. Réservoir 22 litres. Poids pleins faits : 200 kg.

Les années 90 approchent, Ducati revient en force et prépare son retour en haut de l'affiche. Au Salon de Milan en 1987, la marque a présenté cette 851 Superbike, disponible en deux versions : une pour la route construite à 300 exemplaires, une pour la piste fabriquée à 200 exemplaires (le nombre de machines nécessaire pour l'homologation et la possibilité de s'aligner dans le tout nouveau championnat du monde Superbike, où c'est Marco Lucchinelli qui pilote la machine officielle). Lors de la présentation à la presse, sur le circuit de Misano, les deux versions sont proposées aux essayeurs, qui font connaissance avec elles sur la piste avant d'aller explorer les environs sur la route. Avant de grimper dessus, tout le monde s'extasie sur la finition de l'italienne,

parée des couleurs du pays, et remarque que ce n'est en fait qu'une moto de course déguisée. La première du genre chez Ducati.
En tout cas la première à aller si loin dans cette démarche. Les rétroviseurs et les clignotants sont par exemple encastrés dans les déflecteurs du carénage, le dosseret de selle contient la batterie et une grande partie du système électronique du moteur, deux ouïes entourant le phare dans le carénage envoient de l'air frais au filtre à air par l'intermédiaire de durites et deux extracteurs de chaque côté aspirent l'air chaud du radiateur. Enfin, évidemment, il n'y a pas de place pour un passager (c'est seulement en 1990 qu'une version dite « biposto » sera commercialisée). Bien sûr, le moteur tient la vedette : « Le V-twin, très compact, est surmonté de deux énormes culasses double arbre, quatre soupapes et commandes desmodromiques ! Toute la puissance de ce moteur se trouve dans ces culasses et dans son système d'admission très sophistiqué : l'injection indirecte. » En piste, ce moteur, qui est fixé au cadre par « deux axes seulement », est comme prévu le point fort de la 851. Il est cependant desservi par les roues de 16 pouces dans sa version route, qui obligent le pilote à forcer sur la moto pour la maintenir en ligne à l'attaque. En version course, aucun problème.
Plus légère de 5 kg et plus puissante de 15 ch, c'est une véritable « bomba », aussi performante qu'elle est chère. C'est l'exclusivité italienne.

1- Dans sa version route, les roues de 16 pouces obligent le pilote à forcer sa conduite.
2- Elle s'affiche aux couleurs du pays.
3- Superbike, c'est écrit dessus, le message est clair.
4- Facile, raide, performante, la 851 s'appuie sur un bicylindre compact surmonté de 2 culasses à double arbre.
5- Printemps 1988 : la Ducati 851 essayée par Thierry Espié fait la Une de *Moto Revue*.

1988

KTM 600 INCAS

Évolution « civilisée » d'une machine d'enduro, la 600 Incas est la première incursion de KTM sur le bitume. Trente ans plus tard, KTM est devenu le premier constructeur européen.

1

2

3

FICHE TECHNIQUE

Puissance

45 ch à 7 000 tr/min

Moteur, partie-cycle

Monocylindre, 4-temps, refroidi par eau, 549 cm³. Taux de compression 9,5 à 1. Carburateur Bing à dépression ø 40 mm. Transmission par chaîne.
Cadre simple berceau dédoublé avec partie arrière démontable. Fourche Marzocchi inversée, déb. 240 mm, suspension arrière Pro-Lever, déb. 300 mm.
Frein AV simple disque ø 180 mm, frein AR simple disque ø 220 mm. Pneus AV/AR : 90/90 x 21 / 120/80 x 18. Réservoir 15 litres. Poids tous pleins faits : 148 kg.

4

Jusque-là spécialisé dans les motos de compétition, que ce soit en enduro ou en motocross, KTM a mis au point son premier moteur quatre-temps l'année précédente, et l'a lancé en série avec la GS 600, une machine d'enduro. En 1988, la firme commercialise, avec cette 600 Incas, ce qui est tout simplement le premier trail de son histoire, en adaptant le modèle d'enduro aux contraintes spécifiques à la route. À l'époque, voici ce qui ressort de l'essai qui en est fait dans *Moto Revue* : « La 600 Incas ne s'adresse pas à un public aussi large que les productions japonaises. Produit tout d'abord européen, jouissant du prestige d'une marque à 100 % axée sur la compétition, elle se veut

5

1- Quand un cadre supérieur va s'encanailler au guidon de l'Incas...
2 et 4- Le moteur LC4 débute une longue carrière.
3- Une enduro déguisée en trail.
5- Le tableau de bord « basique » de la 600 Incas comprend un indicateur de vitesse et un Tripmaster.

différente, essentiellement sportive, grâce à une base moteur et partie-cycle de course, particulièrement performante, constituée d'éléments de haute qualité. Bref, exclusive. Délibérément placée dans un créneau nouveau : véritable mixité route et tout-terrain et caractère sportif affirmé. » Trois ans plus tard, KTM, en faillite, sera divisé en quatre entreprises indépendantes les unes des autres : outils, bicyclettes, radiateurs et motocyclettes. C'est en 1992 que Stefan Pierer en prendra la direction. Il lancera en 1994 le modèle Duke motorisé par le LC4, un premier pas sur la route avec cette machine au design soigné, un avant-goût de tout ce qui va suivre par la suite. En 2001, au guidon d'une KTM motorisée par une évolution du LC4, l'Italien Fabrizio Meoni va gagner le premier Dakar d'une série toujours en cours pour la marque, soit 18 succès de suite (à l'exception de l'édition 2008 annulée suite à des menaces terroristes). Un quart de siècle plus tard, KTM est de loin le premier constructeur européen, qui voit la part de ses machines routières ou assimilées (les gros trails par exemple) dépasser celle des machines destinées au tout-terrain (du moins sur le continent européen) et le big boss a publiquement déclaré que son objectif était ni plus ni moins de devenir le n° 3 mondial, derrière ceux qu'il estime intouchables, à savoir Honda et Yamaha, mais devant Suzuki et Kawasaki. Depuis la sortie de la KTM 600 Incas, c'est peu dire que de l'eau a coulé sous les ponts des environs de l'usine de Mattighofen, le siège de la marque autrichienne.

1988

HONDA 650 AFRICA TWIN

En 1988, elle entame une carrière qui va durer jusqu'en 2003 (en version 750 cm^3), avant de réapparaître en 2016 pour répondre à une nouvelle demande du public.

1

« SON LOOK RAPPELLE INÉVITABLEMENT LA MOTO ENGAGÉE SUR LE PARIS-DAKAR »

2

3

4

FICHE TECHNIQUE

Puissance

57 ch à 8 000 tr/min

Moteur, partie-cycle

Bicylindre en V à 52°, 4-temps, refroidi par eau, 647 cm³, couple 6,2 mkg à 6 000 tr/min. Taux de compression 9,4 à 1. Carburateurs à dépression ø 34 mm. Transmission par chaîne. Cadre simple berceau à double épine dorsale en acier. Fourche téléhydraulique ø 43 mm, déb. 230 mm, suspension arrière Pro-Link, déb. 210 mm. Frein AV simple disque ø 296 mm, frein AR simple disque ø 240 mm. Pneus AV/AR : 90/90 x 21 / 130/80 x 17. Réservoir 25 litres. Poids tous pleins faits : 221 kg.

1- Une machine plutôt haut de gamme.
2- Elle confirme ses aptitudes au tout-terrain sur les pistes marocaines.
3- Le bicylindre en V dérivé de celui de la Transalp, avec 50 cm³ de plus, comme pour la NTV.
4- L'Africa Twin est bien sûr très à son aise sur la route.

Dans la deuxième moitié des années 80, la surenchère se poursuit dans le secteur du trail, où BMW mène la danse du haut des 1 000 cm³ de sa R 100 GS, la remplaçante de la R 80 G/S (la passation de pouvoir s'est faite en 1987). Sans aller si loin en matière de cylindrée, Honda réagit cependant, d'abord en compétition, où le premier constructeur mondial aligne la NXR 750, qui sévira pendant quatre ans sur le Paris-Dakar (de 1986 à 1989). Du côté de la production, un an après la Transalp, c'est donc cette XRV 650 Africa Twin qui est chargée de représenter la marque et c'est une machine plutôt haut de gamme. Beaucoup mieux équipée que la Transalp, elle hérite de son moteur, dont les cotes sont revues à la hausse, faisant passer sa cylindrée de 583 à 647 cm³. Signe que cette nouveauté est importante pour Honda, la filiale française organise sa présentation au Maroc, où 25 machines seront testées pendant trois jours sur plus de 1 000 kilomètres de routes et de pistes autour de Ouarzazate. Son look rappelle inévitablement la moto engagée sur le Paris-Dakar (en version El Charro de 1987, pour les connaisseurs), mais la comparaison s'arrête là. Tout comme le moteur, un peu différent donc, est le seul point commun avec la Transalp : « Les deux "cousines" ne possèdent aucune pièce commune. Championne de la polyvalence (et des ventes !), la Transalp ne cache pas son aspect utilitaire de "bonne à tout faire" (et de bien faire), tandis que l'Africa Twin se veut sportive, "fille du Dakar", reine des grands espaces, avec son look autrement plus étudié et sa partie-cycle très évoluée, alors que les performances routières restent très proches. » In situ, la 650 Africa Twin fait jeu égal avec la Transalp sur la route (elle est plus lourde d'une vingtaine de kilos), mais sur les pistes marocaines, elle révèle son potentiel et passe l'examen avec mention. Au sein de la gamme trails Honda, elle représente le summum. Elle sera remplacée en 1990 par une version 750 cm³, car entre-temps, la concurrence aura réagi. Et depuis 2016, l'Africa Twin est revenue en version 1 000 cm³, aux standards d'une époque où les trails redeviennent à la mode.

1988

SUZUKI DR 750 S

Plus vite, plus haut et plus fort, une devise olympique que les constructeurs suivent pour s'adapter au marché du trail en cette fin de décennie. La DR fait très fort dans ce domaine avec son monocylindre de 750 cm³.

1

SUZUKI A DONC DÉCIDÉ DE SE LANCER DANS UNE TENTATIVE DE (TRÈS) GROS MONOCYLINDRE

FICHE TECHNIQUE

Puissance

52 ch à 6500 tr/min

Moteur, partie-cycle

Monocylindre, 4-temps, refroidi par huile et air, 727 cm³, couple 5,9 mkg à 5 500 tr/min. Taux de compression 9,5 à 1. Carburateurs Mikuni BST ø 33 mm. Transmission par chaîne. Cadre simple berceau dédoublé en tubes d'acier. Fourche téléhydraulique ø 41 mm, déb. 240 mm, suspension arrière Full-Floater, déb. 200 mm. Frein AV simple disque ø 260 mm, frein AR tambour ø 160 mm. Pneus AV/AR : 90/90 x 21 / 130/80 x 17. Réservoir 29 litres. Poids tous pleins faits : 210 kg.

1- En version rat des villes devant la Grande Halle de La Villette, à Paris.
2- Plus gros monocylindre du marché, elle passera même à 800 cm³ quelques années après.
3- Le fameux bec de canard.
4- En version rat des champs sur une plage du sud de la France.

C'est durant cette décennie que le trail atteint des sommets de popularité, effet Paris-Dakar (entre autres) oblige. Par conséquent, les constructeurs exploitent le filon et leurs bureaux d'études imaginent des solutions toujours plus originales pour grappiller des parts de ce marché florissant. L'avant-dernière démonstration de ce phénomène publiée dans ce numéro exceptionnel consacré aux années 80 nous vient ici de Suzuki. Suzuki a bien sûr un trail de 600 cm³ dans sa gamme mais en course, il est depuis longtemps dépassé en puissance pure face aux twins de la concurrence (BMW, Honda). L'usine a donc décidé de se lancer dans une tentative de (très) gros monocylindre, et c'est à l'occasion du Rallye des Pharaons, l'automne précédant la sortie du modèle de série, que la DR 750 a fait ses premiers tours de roues officiels avec Gaston Rahier. Quelques mois plus tard, la DR 750 S est donc commercialisée et bien entendu, essayée par la presse spécialisée peu avant. Son esthétique particulière, avec son carénage de tête de fourche en bec de canard, est ce qui se remarque en premier, libre à chacun d'apprécier ou pas, en revanche, le silencieux d'échappement fait l'unanimité contre lui : à changer d'urgence ! L'essentiel cependant, c'est que la moto soit efficace et de ce point de vue, le résultat est là. Le monocylindre de (presque) 750 cm³ assure un service impeccable, sans aucune vibration parasite, secondé par une partie-cycle très équilibrée et un freinage irréprochable. À *Moto Revue*, on teste aussi l'engin en tout-terrain, même si, comme on le rappelle à l'époque, « la plupart des trails ne posent que rarement leurs pneus hors des routes – jamais même pour certains – et quand ils s'aventurent ainsi, c'est tout au plus pour oser affronter une allée cavalière ou, pire, une ornière de tracteur entre deux champs cultivés ». Un test off-road qui révèle le seul gros point noir de la machine : son poids excessif (210 kg tous pleins faits). Une trentaine d'années plus tard, étant entendu que c'est dans les vieux pots que l'on fait les meilleures confitures, Suzuki réédite pour le millésime 2020 de sa V-Strom l'esthétique originelle de la DR 750 S, dont le bec de canard a été repris depuis par BMW ou même Triumph.

1989

BMW K1

Décidé à répondre aux nombreuses machines de la concurrence typées sport, BMW, habituellement plus sage, sort avec cette K1 un modèle qui rompt franchement avec ses traditions.

1

« AU SALON DE COLOGNE 1988, C'EST LE CHOC, VISUEL D'ABORD, ÉMOTIONNEL SURTOUT »

Fiche technique

Puissance

100 ch à 8 000 tr/min

Moteur, partie-cycle

4-cylindres en ligne horizontal, 4-temps, refroidi par eau, 987 cm^3, couple 10,2 mkg à 6 750 tr/min. Taux de compression 11 à 1. Injection électronique. Transmission par cardan. Cadre treillis tubulaire en acier. Fourche Marzocchi ø 41,7 mm, déb. 135 mm, suspension arrière système Paralever, déb. 140 mm. Frein AV double disque ø 305 mm, frein AR simple disque ø 285 mm. Pneus AV/AR : 120/70 x 17 / 160/60 x 18. Réservoir 22 litres. Poids tous pleins faits : 259 kg.

Lors de la présentation de la BMW K1, au Salon de Cologne de septembre 1988, c'est la surprise et le choc, visuel d'abord, émotionnel surtout, pour un public allemand que l'apparition de cette nouveauté « maison » étonne, pour le moins. Côté français, l'analyse qui est d'abord faite de cette apparition « subliminale » est celle-ci : « Les produits nippons, ces dernières années, ont largement dérapé vers la famille sport. Beaucoup trop (?), en tout cas assez pour que cette tendance touche également à long terme les constructeurs européens, italiens en tête. Les autres constructeurs, y compris la "traditionnelle" firme

1 et 2- La K1 est plutôt une GT sportive. Étudiée en soufflerie, elle affiche un Cx record de 0,34.
3- Le tableau de bord est archi-complet.
4- Mais le look de la K1 lui fera beaucoup de mal.

allemande, se doivent de suivre les goûts de la clientèle. Et il semble que cela passe aujourd'hui par l'introduction de la K1 par BMW, au design typé sport et aux prédispositions en rapport. » Inévitablement, l'œil est avant tout attiré par le carénage de la machine. Le choc est aussi culturel pour la maison de Munich et franchement assumé : les lignes sont outrageusement anguleuses, à l'inverse du courant de l'époque, deux blocs s'opposent entre l'arrière, aux renflements brut de fonderie, et l'avant, que soulignent un énorme bloc optique carré et un carénage de roue hyper enveloppant. Bien sûr, tout cela a été minutieusement étudié en soufflerie et d'ailleurs, la K1 affiche un Cx record de 0,34 en position couchée. Proposée uniquement avec l'ABS sur le territoire français, elle est disponible en deux coloris : un bleu foncé et un rouge vif, et dans les deux cas, les jantes, les immenses autocollants du carénage, le bas de selle et le moteur (ainsi que le cardan) sont… jaunes. Pas discrète, mais elle assume donc sa vocation dite « super-sport ». C'est en fait plutôt une GT sportive que BMW présente là, et son domaine, bien entendu, c'est la route et même l'autoroute, où son habillage permet de jouir du moteur (une évolution plus sportive que celui de la K 100), sans être perturbé par la moindre turbulence, à des vitesses dépassant largement les limites autorisées. C'était il y a trente ans…

1989

YAMAHA XTZ 750 SUPER TÉNÉRÉ

De surenchère en surenchère, les années 80 voient les trails prendre de l'embonpoint, cette Super Ténéré de 750 cm³ confirmant la tendance du moment. Mais la limite est peut-être atteinte...

1

2

3

4

Fiche technique

Puissance

70 ch à 7 500 tr/min

Moteur, partie-cycle

Bicylindre en ligne incliné à 45°, 4-temps, refroidi par eau, 749 cm^3, couple 6,8 mkg à 6 750 tr/min. Taux de compression 9,5 à 1. 2 Carburateurs Mikuni BDST ø 38 mm. Transmission par chaîne. Cadre double berceau démontable en tubes d'acier de section carrée. Fourche téléhydraulique ø 43 mm, déb. 235 mm, suspension arrière Monocross, déb. 215 mm. Frein AV double disque ø 245 mm, frein AR simple disque ø 245 mm. Pneus AV/AR : 90/90 x 21 / 140/80 x 17. Réservoir 26 litres. Poids à sec : 195 kg.

1- Sur les grandes pistes camarguaises, Éric Breton (rédacteur en chef de *Moto Revue* à l'époque) semble avoir pris la mesure de la bête. Malheureusement, la Yamaha XTZ 750 Super Ténéré va choir… et y laisser le côté gauche.
2 et 4- *Moto Revue* eut le privilège d'essayer la Super Ténéré en exclusivité. Un test réalisé en Camargue.
3- Avec l'arrivée du bicylindre Yamaha, la catégorie trail va prendre de l'embonpoint. Côté instrumentation, on est quasiment sur une routière.

Replaçons-nous dans le contexte de cette fin des années 80, où l'engouement pour les trails, phénoménal, encourage les constructeurs à faire feu de tout bois, et à développer des projets inédits. L'influence du Rallye Paris-Dakar est encore très forte et elle les guide dans leurs options, compétition et commerce étant invariablement liés, de près ou de loin. Or, sur le rallye, Yamaha souffre face à une concurrence aux biceps nettement plus gonflés, et l'on imagine sans mal que le boss de la filiale française, Jean-Claude Olivier, réclame au siège un engin capable de rivaliser avec les Honda NXR ou les Cagiva de 750 cm^3, et les BMW de 1000 cm^3 face auxquelles le monocylindre de la marque aux diapasons, passé soit à 660 cm^3, reste impuissant. Lorsque la Super Ténéré est finalement présentée, la surprise vient avant tout de son moteur, « 100 % inédit, quoique d'inspiration FZ (d'où l'appellation XT… Z) : deux cylindres seulement, mais une architecture dérivée des quatre en ligne des routières sportives de la marque. Une sorte de "demi-Genesis", si l'on veut, avec ses cylindres inclinés à 45° et sa culasse à dix soupapes ! Pièce maîtresse de la Super Ténéré, son moteur n'est pas seulement original de par sa forme ou son mode distribution, il possède encore d'autres arguments avec le refroidissement liquide, un double arbre à cames en tête et double balancier d'équilibrage. Et ce n'est pas tout, car ce "bi" ultra-moderne innove côté poids et dimensions. Léger et compact, il est surtout très étroit : d'une part grâce à une étude spécifique du vilebrequin et de la pignonnerie, d'autre part en plaçant le maximum d'éléments mécaniques (embrayage, boîte, démarreur) derrière les cylindres, en profitant de l'angle très ouvert du bloc. » Une fois au guidon de cette volumineuse Super Ténéré, la santé du bicylindre est évidente : « Par rapport à un 600 mono, la Ténéré twin dépose la "petite" avec au moins trente bornes de mieux, j'annonce courant d'air ! » Par la suite, les six victoires de Stéphane Peterhansel sur le Dakar confirmeront ce verdict, et le bicylindre sera même installé sur les TDM ou TRX montées à 850 cm^3.
La carrière commerciale de cette machine restera relativement modeste, peut-être parce que la limite d'embonpoint était finalement atteinte.

1989

HONDA PACIFIC COAST 800

Destinée à attirer une clientèle pas forcément motarde mais pour laquelle les nombreux aspects pratiques ne manquaient pas d'intérêt, la PC 800, c'était, comme, on l'a dit à l'époque, « la moto du troisième type ».

1

« LA PACIFIC COAST 800 LANCE UN NOUVEAU CONCEPT : CELUI DE "MOTOMOBILE" »

2

3

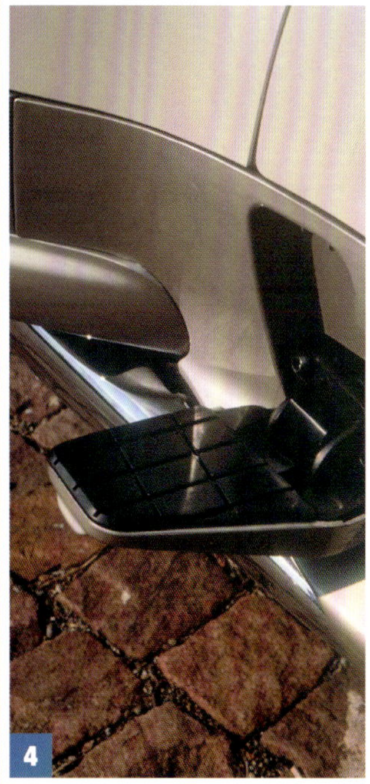

4

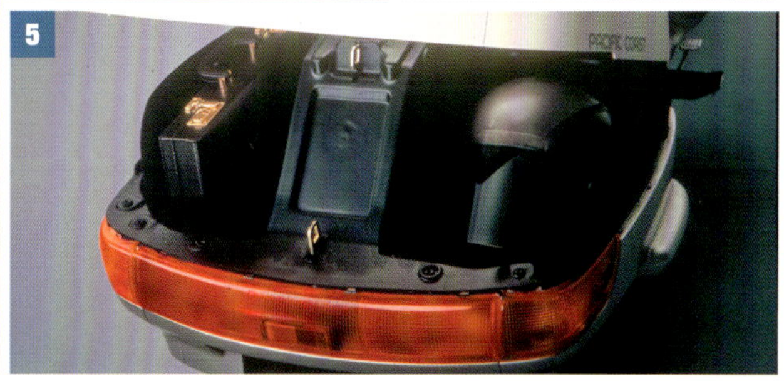

5

1- La cible de la PC 800 : les cadres supérieurs. 2- Avec la PC 800, on est « comme dans un fauteuil ». La partie arrière de la moto se soulève comme un coffre de voiture. Extra-pratique mais pas du tout dans l'esprit motard de l'époque. 3et 5- L'équipement, très complet, est calqué sur les attentes d'une clientèle auto qui pourrait se laisser séduire. 4- Entièrement habillée, la Honda garantissait à son pilote de rester présentable en toutes circonstances.

FICHE TECHNIQUE

▸ Puissance

60 ch à 7 000 tr/min

▸ Moteur, partie-cycle

Bicylindre en V à 45°, 4-temps, refroidi par eau, 800 cm³, couple 7,5 mkg à 5 000 tr/min. Taux de compression 9 à 1. Carburateurs à dépression ø 34,2 mm. Transmission par cardan. Cadre double épine en acier de section rectangulaire. Fourche hydraulique ø 41 mm, déb. 145 mm, suspension arrière combiné amortisseurs, déb. 130 mm. Frein AV double disque ø 276 mm, frein AR tambour ø 180 mm. Pneus AV/AR : 120/80 x 17 / 140/80 x 15. Réservoir 16 litres. Poids pleins faits : 288 kg.

C'est une tentative osée à laquelle Honda se livre en cette fin de décennie, en sortant cette machine que certains qualifieront (au mieux) de « motomobile », de « gros scooter » ou (au pire) de « Tupperware ». En France, le moins que l'on puisse dire, c'est qu'elle est considérée par le public motard avec circonspection. Le grand public, quant à lui – d'après les réactions des passants auxquelles les essayeurs de l'engin sont confrontés –, perçoit de façon plus positive cette machine qui tranche en effet avec tout ce qu'il peut voir passer sous ses yeux de piéton et/ou d'automobiliste. Motorisée par un bicylindre en V de puissance modeste (60 chevaux), surtout par rapport à son poids qui est, lui, conséquent (288 kilos tous pleins faits !), la PC 800 se distingue par son habillage intégral, étudié pour protéger au maximum son pilote (ou son conducteur ?) et lui éviter également de se salir avec la moindre tache de gras provenant de la mécanique, laquelle est donc totalement invisible. Un coffre susceptible d'abriter deux casques, des vêtements et un antivol est l'atout principal de cette moto, dont on comprend qu'elle n'est pas destinée aux motards purs et durs. En fait, cette Pacific Coast, en référence à la fameuse route n° 1 longeant la côte Pacifique du Canada jusqu'au Mexique, a été conçue aux États-Unis, où elle se vendra beaucoup plus largement qu'en Europe. Pour mieux comprendre quelle philosophie guidait la conception de cette PC 800, l'argumentaire de la brochure américaine de la nouveauté japonaise est éclairant : « Pour certaines personnes, une route est plus qu'un ruban de bitume les connectant de l'endroit où elles se trouvent jusqu'à l'endroit où elles veulent se rendre. La côte amalfitaine fait partie de ces endroits. La Blue Ridge Parkway, sur la côte Est des USA, également. Et bien sûr la Highway n° 1, en Californie, ce ruban magique fait d'asphalte qui serpente au bout du continent. L'endroit qui a donné son nom à cette moto : Pacific Coast. » Les motards français ne seront guère sensibles à ce message véhiculé par les services marketing de la marque. Et de nos jours, les maxi-scooters ont depuis longtemps occupé ce créneau privilégié par les citadins, pour lesquels une route n'est au contraire « qu'un ruban de bitume les connectant de l'endroit où ils se trouvent jusqu'à celui où ils veulent se rendre ». CQFD.

1989

KAWASAKI ZX-10 TOMCAT

La Kawasaki ZX-10 Tomcat n'était présentée que comme une simple amélioration de la 1000 RX. Mais elle fut bien plus que cela et lança la saga des sportives routières made in Akashi.

1

« PERFORMANCE ET STABILITÉ SONT LES DEUX IMPÉRATIFS QUE KAWASAKI SE DONNE DEPUIS LA SORTIE DE LA NINJA »

« Manifestement, l'expérience engrangée depuis début 1984 avec l'apparition de la Ninja a été visiblement analysée par Kawasaki. (...) Performance et stabilité sont les deux impératifs que Kawasaki se donne depuis la sortie de la Ninja, premier modèle équipé du nouveau 4-cylindres à chaine de distribution située au bout du vilebrequin. » Pour *Moto Journal* à l'époque, les choses sont claires : Kawasaki a su garder son esprit sportif. Les GPZ, GPX et RX étaient là pour en témoigner au début des années 80. Même si la législation française a amputé de 37 chevaux le 4-cylindres en ligne de la Tomcat. Heureusement, le bridage était plutôt bien réalisé et la mécanique se montrait plus à son avantage que sur la 1000 RX dont elle était issue. Avec de nouveaux arbres à cames, un taux de compression abaissé, de nouveaux pistons, une nouvelle culasse et des réglages de carburation

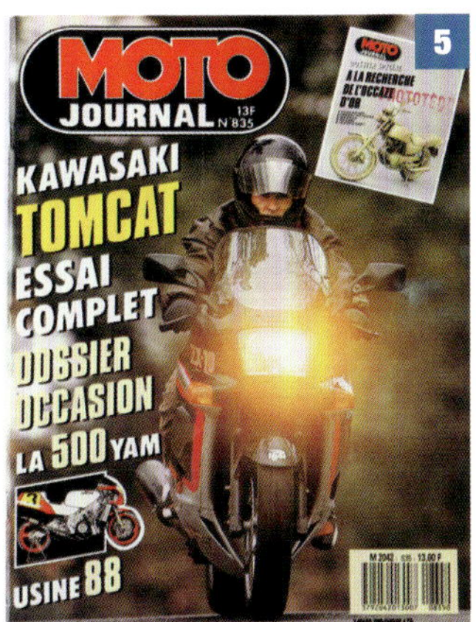

1- Un mix de sportive et de routière.
2- Les clignotants intégrés dans le carénage intégral sont l'un des signes distinctifs de la ZX-10, ils servent également d'ailerons pour améliorer le cx de la bête.
3- Le 4-cylindres enserré par la double épine dorsale en aluminium.
4- La Kawasaki ZX-10 Tomcat lors du premier essai sur piste.
5- *Moto Journal* fera sa Une avec l'essai de Tomcat.

appropriés à ce 4-cylindres réalésé, la Tomcat affichait plus de couple à bas régime, et donc, de meilleures reprises. Cette ZX-10 excellait « La tomcat tient son cap et ne bronche en grande courbe qu'en cas de fort vent latéral ou de raccord de goudron vraiment costaud. Ceci avec une neutralité rassurante », a conclu l'essayeur de l'époque. Si la Tomcat a repris les bases mécaniques de la RX, les ingénieurs ont réussi à gagner quatre kilos sur le bloc et quasiment autant sur le cadre en passant de l'acier à l'aluminium (tout en gagnant en rigidité). Fatalement, cet avantage a augmenté le niveau de performance. La qualité générale des suspensions a également fait un pas en avant pour améliorer autant la tenue de route que le confort « La Tomcat est un gros vaisseau prêt à croiser sur toutes les autoroutes de France et à s'accommoder très correctement des routes bosselées de notre pays ». Et au freinage ou à

FICHE TECHNIQUE

▸ Puissance
137 ch à 10 000 tr/min

▸ Moteur, partie-cycle
4-cylindres en ligne, 4-temps, refroidi par eau, 997 cm^3, couple : 10,5 mkg à 9 000 tr/min.
Distribution : double ACT, 16 soupapes.
R. vol/alim. : 10,2 à 1/4 carburateurs.
Boîte : 6 rapports.
Transmission par chaîne.
Cadre double épine dorsale en alu.
Fourche télescopique ø 41 mm, déb. 135 mm, non réglable / monoamortisseur, déb. 120 mm, double réglage.
Freins AV/AR : 2 disques ø 300 mm, étriers 4 pistons / 1 disque ø 250 mm, étrier 2 pistons.
Pneus AV/AR : 120/70 x 17 / 160/60 x 18.
Réservoir : 22 litres.
Poids : 260 kg pleins faits.

l'accélération, la Tomcat se révélait magistrale. La Kawasaki 1000 Tomcat a ainsi repris le meilleur de la GPZ 900 et de la 1000 RX avec plus de confort et plus d'efficacité, même si « on peut regretter une petite perte d'agressivité dans l'esthétique » soulignera l'essayeur de l'époque. Enfin pour l'anecdote, le nom de Tomcat est bien un hommage à l'avion de chasse F-14 de l'armée américaine... et fait un clin d'œil au film *Top Gun* où Tom Cruise, en plus de piloter des avions, chevauche une 900 Ninja, aieule de cette ZX-10.

1989

KAWASAKI ZRX 750

Les Ninja étaient devenues de formidables routières, mais la firme d'Akashi est revenue aux fondamentaux pour présenter en 1989 une machine d'une radicalité extrême : la ZX-R 750 Stinger.

1

> « SON NOM ? ZXR. SA CYLINDRÉE ? 750 CM³, SON AMBITION ? ATOMISER LA CONCURRENCE »

FICHE TECHNIQUE

‣ Puissance

107 ch à 10 500 tr/min

‣ Moteur, partie-cycle

4-cylindres en ligne, 4-temps, refroidi par eau, 748 cm^3, couple 7,8 mkg à 9 500 tr/min. Distribution : double ACT, 16 soupapes. R. vol/alim. : 11,3 à 1/4 carburateurs. Boîte : 6 rapports. Transmission par chaîne (16 x 46). Cadre périmétrique en aluminium. Susp. AV/AR : fourche téléhydraulique ø 43 mm, déb. 120 mm, double réglage/ monoamortisseur, déb. 140 mm, double réglage. Frein AV : 2 disques ø 310 mm, étriers 4 pistons, frein AR : 1 disque ø 230 mm, étrier 2 pistons. Pneus AV/AR : 120/70 x 17 – 170/60 x 17. Réservoir (réserve) : 18 litres (NC). Poids : 226 kg pleins faits.

Alors que la concurrence produit de véritables réplica à l'image de Honda avec sa RC-30, Yamaha et la OW01 ou Suzuki et la mythique GSX-R, Kawasaki avait répondu avec un embourgeoisement certains avec la 1000 RX ou ZX-10 Tomcat. Mais « la Tribu Kawasaki repart sur le sentier de la guerre avec une arme redoutable. Son nom? ZXR. Sa cylindrée ? 750 cm^3. Son ambition ? Atomiser tout ce qui roule. » dit Bretrand Sébileau dans le texte. Le jeune essayeur, qui remportera neuf ans plus tard les 24 Heures du Mans au guidon d'une... Kawasaki ZXR ne tarit pas d'éloges sur la redoutable guerrière qui vient de naître. « Son bruit relativement sourd et feutré vous séduira immédiatement. On s'installe aux commandes, rien ne dérange, tout parait habituel. Dès que l'on roule, on se sent en terrain connu, tellement cette moto apparait facile à maitrise. Au bout de quelques tours, sur un tracé inconnu, on se surprend à attaquer. (...) Sa parenté avec la ZX7, machine officielle engagée dans le défunt Championnat du monde d'endurance est évidente. Pour souligner cet air de famille, la version française reprend les couleurs de la machine seconde lors de la dernière édition des 24 Heures du Mans 88 : vert, blanc et rouge. » Si ma puissance brute de la Stinger n'était pas très impressionnante, puisqu'elle culminait à 107 chevaux seulement, il fallait passer par l'adoption d'un kit compétition pour que les performances grimpent en flèche. Cette machine, au nom d'un missile américain sol-air, disposait de tout un arsenal technique pour performer. Le moteur développé sur les bases de la GPX adoptait un embiellage allégé, un embrayage avec un système de débrayage anticouple et le circuit d'huile intégrait un radiateur volumineux. Les doubles disques semi-flottant se paraient d'un maître-cylindre déporté, quand deux énormes tuyaux envoyaient de l'air sur... la culasse. En effet, aucun conduit ne prenait le relais sous le réservoir pour acheminer l'air vers le filtre comme sur la machine d'Endurance. Dans une escalade implacable face à la concurrence, la Stinger n'a existé que pendant deux ans. Et dès 1990, la deuxième version (H2) se distingue par de nouveaux coloris, un nouvel échappement issu de l'endurance, des carburateurs plus gros de 2 mm, et tout un ensemble de nouvelles pièces moteur, ainsi qu'un renfort sur le bras oscillant et une roue arrière plus légère. La H2 délivrait 5 chevaux de plus, avec 5 kilos de moins que la H1, ce qui compte chez certains fans du modèle. En 1992, une nouvelle apparaît avec notamment un nouveau carénage et une fourche inversée. Ce qui permettra à la ZXR 750 de continuer à se battre à armes égales avec la concurrence.

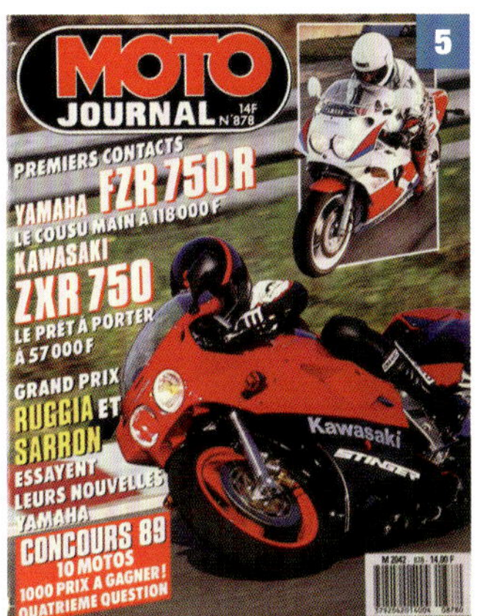

1- La ZX-7 R Ninja signe une forme de retour à la radicalité pour Kawasaki.
2- Double optiques, durites d'air, une véritable Superbike des années 80.
3- Fast Sebil, un an après son arrivée à *Moto Journal* au guidon de la Stinger. Le coloris spécifiquement réservé à la France reprenait les couleurs de la machine d'endurance de 1988.
4- Les fameux conduits d'air de la Stinger qui n'étaient là que pour la déco.
5-La ZXR 750 à la une de *Moto Journal*

S.E.V.
AUTOMOBILE CLUB DE L'OUEST
KAWASAKI 65
HONDA 21
AUTOMOBILE CLUB DE L'OUEST
CORNO
SEGURA

VITESSE

LE BRUIT ET LA FUREUR

1980

DOUBLÉ SUZUKI AU BOL D'OR

Trois semaines à peine après la mort accidentelle de Jean-Bernard Peyré, pilote et fondateur de la jeune équipe Suzuki, celle-ci monopolise les deux premières places d'un Bol d'Or mémorable.

1

« 19 JOURS APRÈS LE DÉCÈS DE PEYRÉ, MÉLIAND IMPOSE SES SUZUKI AVEC L'ÉNERGIE DU DÉSESPOIR »

En 1980, le SERT (Suzuki Endurance Racing Team) n'a pas encore été créé officiellement. Ses pères fondateurs, Jean-Bernard Peyré (qui est également pilote de la GS 1000 R avec Pierre-Étienne Samin) et Dominique Méliand, ont depuis le début de la saison reçu la charge de faire briller les couleurs de l'usine en endurance, où ils font face à de rudes adversaires ; Honda surtout, emmené par Jean-Louis Guillou, et Kawasaki, que mène à la baguette Serge Rosset, sans compter l'équipe Japauto, dirigée avec passion et autorité par le grand patron, Christian Vilaséca. Une première victoire, remportée au printemps lors des 1000 Kilomètres de Zeltweg, en Autriche, a démontré la valeur de cette jeune équipe Suzuki. Mais le 25 août, Jean-Bernard Peyré se tue sur la route au guidon de sa moto. Avant les obsèques de leur fils, ses parents demandent à Dominique

1- Pierre-étienne Samin, 19 jours après la mort de son coéquipier, gagne le Bol d'Or avec Franck Gross. 2- Il sable le champagne sur le podium. 3- Un doublé Suzuki, quel plus bel hommage espérer ? 4- Dominique Méliand (à g.) et Samin (au centre). 5- Suzuki fait les gros titres de ce numéro spécial Bol d'Or.

Méliand de faire courir la Suzuki officielle au Bol d'Or, dont le départ est programmé le 13 septembre, soit 19 jours après le drame. C'est avec l'énergie du désespoir que Méliand trouve les hommes et le budget pour engager non pas une mais deux motos : la machine de course avec Pierre-Étienne Samin associé à Franck Gross et le mulet, avec Jean Monnin et Gary Green. L'hommage doit être total, et dans la tête de Méliand, c'est la dernière course à laquelle l'équipe prend part. Mais le destin, ou, allez savoir, une « force supérieure », bouleverse tous ses plans. Au cours de la 44e édition du Bol d'Or, en effet, les deux Suzuki, d'une régularité exemplaire, passent toutes deux au travers des innombrables incidents mécaniques et/ou chutes dont sont victimes leurs adversaires, et triomphent à l'arrivée en signant un doublé extraordinaire. Samin et Gross gagnent devant Monnin et Green, ces derniers laissant la Kawasaki de Christian Huguet et Richard Hubin à cinq tours. Il est probable que ce jour-là, des larmes coulèrent sur les visages épuisés par trop d'émotions. Trente-neuf ans après, alors que Dominique Méliand a laissé son successeur, Damien Saulnier, prendre les commandes du SERT au cours de l'été 2019, l'équipe française a le plus beau palmarès de l'endurance mondiale, avec notamment 15 titres de champion du monde récoltés entre 1983 et 2016, sans parler de dizaines de victoires conquises aux Bol d'Or, aux 24 Heures du Mans ou ailleurs au cours de 39 saisons de courses disputées un peu partout dans le monde. En septembre dernier, l'équipe a remporté dans des circonstances là encore « chaotiques » une 17e victoire au Bol d'Or. C'est à croire que l'esprit de Jean-Bernard Peyré rode toujours sur ce plateau du Castellet balayé par le mistral.

1980 & 1981

SÉRIE NOIRE

En l'espace de 13 mois, Olivier Chevallier, Patrick Pons, Jean-Bernard Peyré, Christian Léon et Michel Rougerie sont morts en course, en essais privés ou sur la route.

1

Ils avaient à peu près le même âge lorsqu'ils sont morts, entre avril 1980 et mai 1981, soit treize mois pour relier cinq destins qui s'achèvent sans un dernier au revoir. Ils avaient en commun une passion sans mesure pour la moto et son corollaire incontournable, la compétition. Ils avaient en commun le fait d'avoir bouffé de la vache enragée pour arriver à persister dans ce métier. Et ils avaient en commun d'avoir fait une rencontre décisive, qui avait fait office de déclic dans la mise en route de leur parcours de pilote professionnel. Olivier Chevallier « entre dans la carrière » en participant et en gagnant une formule de promotion sponsorisée par le pétrolier Esso et parrainée par Georges Monneret : la Coupe Jeunes Tigres, qui lui permet de débuter en compétition en 1967 en tant que pilote de l'importateur Aermacchi. Il participe à son premier Grand Prix en 1972, en France, sur le circuit de Charade en catégorie 350. Cinquième devant notamment Rodney Gould et Barry Sheene, il revient même sur les leaders lorsqu'il est contraint d'abandonner, pots d'échappement crevés. L'année suivante, il est à Monza et passe miraculeusement au milieu des débris en flamme de la chute collective au cours de laquelle Jarno Saarinen et Renzo Pasolini ont trouvé la mort. Privé de son guidon chez Aermacchi (après avoir fait grève à Charade comme tous les pilotes qui réclamaient ce jour-là une meilleure sécurité), Olivier Chevallier

> « ILS AVAIENT ENTRE 28 ET 32 ANS, UNE PASSION ET UN DESTIN TRAGIQUE EN COMMUN »

1- D'avril 1980 (à gauche) à mai 1981 (à droite), Moto Revue rend hommage aux champions disparus.
2- Michel Rougerie et Patrick Pons en spectateurs au Grand Prix d'Italie à Imola en 1974.

se prend en main et démarche ses premiers sponsors, en l'occurrence la Seita, le cigarettier français.
Par la suite, il convainc Esso de s'associer avec lui, puis Pernod, qui s'investira dans une écurie de pilotes et dans la construction d'une moto.
Devenu un animateur régulier des moyennes cylindrées en championnat du monde, il atteint son but en 1976, à Opatija, en Yougoslavie, en s'imposant en 350.
Il poursuivra une belle carrière tout en assurant l'organisation du Salon de la compétition et en développant un sens aigu des relations publiques.
Le 6 avril 1980, sur le circuit Paul-Ricard, il meurt des suites d'une chute dans les esses de la Verrerie. Il avait 31 ans.
Patrick Pons, lui, a vu son destin prendre une voie déterminante en croisant la route de Jean-Claude Olivier, qui décida de l'intégrer au sein de son écurie, Sonauto Yamaha. Après avoir gagné la Coupe Kawasaki en 1972, il participe en effet à son premier GP… quelques mois plus tard (!), s'y classe 9e en 250 et fait donc la rencontre de JCO, qui lui donne sa chance.
Lui aussi est présent au GP d'Italie, dont il rate le départ, ce qui lui vaut d'arriver au ralenti dans la courbe où Saarinen et Pasolini viennent de se tuer, au milieu du fracas et des flammes. Mais Pons est lancé et en 1974, il achève la saison à la 3e place finale des catégories 250 et 350. De quoi voir l'avenir avec optimisme.
Malheureusement, deux fractures de la jambe et une troisième chute provoquant des vertiges persistants font gâcher les trois années suivantes et ce n'est qu'en 1978 qu'il retrouve ses moyens. Cinquième du championnat du monde 750, il le remporte un an plus tard et début 1980, il s'impose aux 200 Miles de Daytona avant de s'attaquer à la catégorie 500, où la lutte est inégale face aux motos d'usine.
Le 10 août 1980, au 4e tour de la course des 500, il perd le contrôle de sa moto dans la courbe de Becketts Corner, à Silverstone où a lieu le GP de Grande-Bretagne. Plongé dans le coma, il décède deux jours plus tard des suites de ses blessures. Il avait 28 ans.
Jean-Bernard Peyré, après avoir débuté comme Pons en Coupe Kawasaki puis couru sur des grosses cylindrées (Kawasaki H2R puis Yamaha 700 TZ), avait travaillé sur les motos du pilote canadien Yvon DuHamel, et c'est par la suite que les choses s'enclenchent pour de bon avec l'écurie Kawasaki Cassegrain, par le biais de laquelle il met le pied en endurance. Nous sommes en 1977. Dès 1978, avec l'équipe Kawasaki Pipart, il révèle tout son talent, avec, entre autres, une 2e place aux 24 Heures du Mans. C'est une équipe où il travaille avec un certain Dominique Méliand, avec lequel il devient ami. Deux ans plus tard, les deux hommes

1

> **« EN 13 MOIS, CETTE SÉRIE NOIRE DECIME LA MOTO FRANÇAISE »**

s'associent et obtiennent la confiance de l'usine Suzuki pour prendre en charge le programme endurance. Jean-Bernard Peyré reste pilote et roule avec Pierre-Étienne Samin. Deuxièmes aux 24 Heures du Mans, ils remportent les 1000 Kilomètres de Zeltweg, se classent 4e aux 8 Heures de Suzuka. C'est mieux qu'espéré. Mais le 25 août 1980, Peyré est victime d'un accident de la circulation près de chez lui, alors qu'il roule sur une moto de tourisme. Il y a des travaux, sa machine accroche un rail démonté, il chute et il est projeté sous un camion. Il meurt sur le coup. Il avait 28 ans. Pour Christian Léon, tout commence vraiment grâce à… Marcel Seurat, en 1969. Seurat importe à l'époque la marque espagnole Ossa, il est installé à Argenteuil, près de chez Léon, et offre à ce dernier la possibilité de courir en courses de côte et en critériums sur des 250 cm³. Pour gagner sa vie, Christian est livreur chez Gervais.

1-En août 1980, à Silverstone en Grande-Bretagne, Rougerie (n° 36) ne pourra éviter Pons (n° 19) tombé sous ses roues.
2- Après sa victoire en 350 cm³ au Grand Prix d'Espagne en 1977, Michel Rougerie espérait encore en des lendemains qui chantent.

Il gagne une vingtaine de courses et les deux titres en jeu. Mais Seurat n'a pas grand-chose d'autre à lui proposer et c'est du côté des établissements Guignabodet, dans le Sud, que se présente sa meilleure opportunité. Embauché comme mécanicien, Léon peut aussi courir et de fil en aiguille, il manque de peu le titre de champion de France 500 en 1971, alors qu'il roule sur une Kawasaki H1R. Deux ans plus tard, il se classe 4e du GP de France en 500. Le potentiel est là, mais il n'aura jamais la chance de décrocher un bon guidon pour poursuivre l'aventure en vitesse. C'est donc en endurance que Christian Léon s'illustrera, et une fois intégré

2

dans l'équipe Honda, il exprime son grand talent en devenant, avec son coéquipier Jean-Claude Chemarin, le roi de la discipline : 3 titres de champion d'Europe, 3 victoires au Bol d'Or, 2 aux 24 Heures du Mans, et de très nombreux autres succès à Barcelone, à Spa-Francorchamps ou au Nürburgring ! Durant la saison 1980, l'ambiance se dégrade au sein du team Honda, et Christian Léon mûrit le projet de repartir du bon pied avec Suzuki, dont son ami Dominique Méliand, privé de Jean-Bernard Peyré, a décidé de continuer de s'occuper. Le 8 novembre 1980, au Japon, les essais avec la Suzuki se déroulent parfaitement. Moineau et Léon, qui doivent faire équipe en 1981, roulent à

tour de rôle pour se familiariser avec la moto. Après le déjeuner, Léon entame son 8e tour sur la piste de Shizuka, et dans une grande courbe à gauche, soudain, l'arrière décroche. Pilote et machine glissent côte à côte sur plusieurs mètres, sur l'asphalte puis dans l'herbe. Léon ne tapera dans aucun obstacle mais il n'a pas lâché la moto. Il est vraisemblable que celle-ci a basculé sur lui. Inanimé, il souffre de traumatismes multiples et d'hémorragie interne. Il décède quelques minutes après son admission à l'hôpital de Hamamatsu, distant de 12 kilomètres. Il avait 32 ans. Enfin, Michel Rougerie était un jeune mécanicien de 19 ans travaillant chez Japauto lorsqu'il avait eu l'opportunité de faire équipe avec Daniel Urdich au 33e Bol d'Or, qu'ils gagnent sur la Honda CB 750 en 1969. Très vite, il se lance dans la vitesse et fait ses débuts en Grands Prix en 1973. Lui aussi, comme Chevallier et Pons, est en Italie le jour du drame de Monza. Bousculé sur la ligne de départ, il n'arrive pas à démarrer sa moto… Deux ans plus tard, pilote officiel Aermacchi, il est vice-champion du monde 250 derrière son coéquipier Walter Villa. Il a gagné deux GP mais s'il totalise plus de points que Villa, on ne retient à l'époque que les six meilleurs résultats. Remercié par Aermacchi où il fait de l'ombre à Villa, Rougerie rebondit avec le soutien de Elf en 750, puis roule en 350 en 1977 et gagne en Espagne, achevant le championnat à la 4e place. Parallèlement, il évolue aussi en 500 et manque de gagner le GP de Belgique devant Barry Sheene, contraint à l'abandon technique alors qu'il menait la course. Bénéficiant en 1978 d'un guidon officiel Suzuki pour quelques courses suite à la grave blessure de l'Américain Pat Hennen au TT, il signe une pole à Silverstone et un record du tour à Spa, finit 10e du championnat. Mais cela n'ira pas plus loin. Les saisons 1979 et 1980 sont ternies par les séquelles d'une chute bénigne et en 1981, il repart du bon pied en moyennes cylindrées avec Alain Chevallier. Le 31 mai 1981, sur le circuit de Rijeka, en Yougoslavie, il est pointé à la 5e place des 350 lorsqu'au deuxième tour, il chute et se retrouve à terre au milieu du paquet. Rapidement relevé, il a alors le réflexe de courir vers le bord de la piste pour se mettre à l'abri et c'est là que Roger Sibille, qui ne peut rien faire, le percute à plus de 100 km/h. Michel Rougerie meurt sur le coup de multiples traumatismes. Il avait 31 ans. Il clôt une série noire qui a décimé la moto française en l'espace de treize mois. Olivier Chevallier, Patrick Pons, Jean-Bernard Peyré, Christian Léon et Michel Rougerie étaient des champions. Nous ne les oublions pas.

3- Christian Léon et Jean-Claude Chemarin, rois de l'endurance de 1977 à 1979.
4- Léon au guidon de la RCB officielle au Bol d'Or.
5- Jean-Bernard Peyré, ici en route vers la victoire aux 1000 Kilomètres de Zeltweg.
6- En 1977, Peyré roule en Kawasaki.
7- Olivier Chevallier aux côtés de Katayama et Agostini au GP d'Allemagne 350 en 1977.

> « POUR DES RAISONS DIVERSES, AUCUN D'ENTRE EUX N'A JAMAIS PU EXPRIMER TOTALEMENT SON POTENTIEL »

1980 À 1989

OMNIPRÉSENCE FRANÇAISE EN GP

Le bel élan impulsé quelques années plus tôt se poursuit jusqu'à la moitié des années 80. Ensuite, les GP soutenus par les cigarettiers se passeront largement des Français, réduits à la portion congrue.

> « DE 1980 À 1985, NOMBREUX SONT LES FRANÇAIS À SE METTRE EN VALEUR EN 250 ET 350 »

3

4

1981

LUCCHINELLI EN CLOWN TRISTE

C'est entre le règne de Kenny Roberts et celui de ses successeurs américains que Marco Lucchinelli a réussi l'exploit de devenir champion du monde 500. Ensuite, les nuages sont venus assombrir sa vie.

1

2

Marco Lucchinelli n'a peut-être jamais été aussi heureux qu'en 1981. Une année de rêve pour l'Italien, champion du monde 500 devant un brelan (d'as ?) d'Anglo-Saxons prestigieux constitué (dans l'ordre) de Randy Mamola, Kenny Roberts et Barry Sheene… De quoi le situer plus précisément sur l'échiquier de la grande histoire des Grands Prix, lui, le saltimbanque de la colonie italienne, l'artiste, le clown, l'homme qui ne voulait pas vieillir… Et faire de chaque jour une nouvelle fête. Marco Lucchinelli, personnage généreux et fantasque, est donc devenu champion du monde de la catégorie reine des Grands Prix en 1981. Le pinacle du sport motocycliste, le sommet de la pyramide. Et tout ça au sein d'une équipe italienne quasi artisanale, menée par l'ancien pilote Roberto Gallina, que Marco avait quittée puis retrouvée après trois saisons perdues chez d'autres Italiens, un peu margoulins ceux-là, qui lui avaient fait miroiter des montagnes de lires aussi considérables qu'imaginaires. Quelques années plus tard, il décrira ces trois saisons de la façon suivante : « J'étais comme un fétu de paille dans le vent, il me manquait un guide, quelqu'un en qui j'ai confiance autant spirituellement que pour le réglage de la moto. Je n'ai jamais été un grand spécialiste de la mise au point. J'ai des impressions mais il me faut la personne juste, qui les traduise. Et puis la confiance, tous les pilotes vous le diront : si l'on n'est pas sûr des gens qui préparent la moto, on ne peut pas ouvrir, la poignée reste bloquée ! » Un épisode illustre bien la grande sensibilité de ce personnage flamboyant. L'année du titre, il gagne cinq GP sur les onze que compte la catégorie 500. Il remporte notamment celui d'Assen, aux Pays-Bas. Ce jour-là, alors qu'il a revêtu une chemise blanche et un foulard indien rose noué sous sa combinaison de cuir, l'Italien pleure en entendant résonner l'hymne de son pays face à un public conquis par son panache. Ensuite, les choses se gâteront. Il signera avec Honda un énorme contrat de deux ans mais ne fera rien de bon sur les machines d'usine du géant japonais. Complètement perdu dans cette équipe, il rebondira avec Cagiva en GP et avec Ducati en Superbike. Et puis, impliqué dans un trafic de cocaïne avant d'être innocenté, il passera par la case prison et devra soigner son addiction à la drogue. La mort dans un accident de circulation de son fils Cristiano, avec lequel il avait monté une école de pilotage, sera, en 2017, la plus terrible des épreuves. Marco Lucchinelli n'a pas été épargné par la vie.

**1-Entre sa femme et son team manager, Roberto Gallina, Lucchinelli arrose son titre de champion du monde 500.
2-Devant Kenny Roberts et Barry Sheene au Grand Prix de France.**

1

2

1- Sur le carénage, son surnom : Lucky (« chanceux »).
2- Lucchinelli reçoit *Moto Revue* dans son deux-pièces près d'Imola. Le contrat avec Honda lui permettra de se payer une grande propriété dans la campagne d'Émilie-Romagne.
3- Un motorhome pour le paddock.

1982

TOURNADRE CHAMPION DU MONDE

En 1982, en dépit de son statut de pilote 100 % privé, Jean-Louis Tournadre devient champion du monde 250 devant l'Allemand (et champion en titre) Anton Mang. Un exploit resté sans lendemain.

1

2

3

4

5

1- Avec son père Maurice (décédé récemment), au GP de Grande-Bretagne.
2- Quatrième en Allemagne, le Français est appelé au pied du podium pour fêter son titre mondial, juste sous Anton Mang.
3- La pression maximale à Hockenheim.
4- Une TZ compé-client pour devenir champion du monde.
5- *Moto Revue* célèbre dignement le titre mondial de Jean-Louis Tournadre.

Trois ans plus tôt, Patrick Pons est devenu champion du monde en catégorie 750 cm³. Il succédait au Vénézuélien Johnny Cecotto et devenait ainsi, comme on l'a écrit à l'époque, « le premier Français champion du monde en sport mécanique ». La catégorie 750, pour replacer les choses dans leur contexte, avait été créée pour répondre au succès commercial de cette cylindrée dans l'industrie de la moto, ainsi que dans le cadre de grandes courses internationales comme les 200 Miles de Daytona, d'une grande importance vu la dimension du marché américain, ou, dans une moindre mesure, les 200 Miles d'Imola ou le Tourist Trophy. Cependant, ce fut très vite une chasse gardée quasi exclusive de Yamaha, qui avait produit sa TZ 750 en 200 exemplaires pour répondre au règlement FIM. Après quatre ans sous l'appellation Prix FIM 750, la catégorie 750 eut droit à un championnat du monde pendant trois ans, un peu comme le championnat du monde Superbike actuel, puis la saison 1979 fut la dernière avant sa disparition.

Trois ans plus tard, cette fois dans le cadre « historique » des Grands Prix, désignés à l'origine sous l'appellation de « championnat du monde de courses sur route », Jean-Louis Tournadre, qui avait d'ailleurs croisé la route de Pons en participant à quelques épreuves du championnat 750 en 1979, devient à son tour champion du monde. Septième du championnat l'année précédente en n'ayant pas disputé toutes les courses du calendrier, il a conclu sa saison avec une 3ᵉ place en Tchécoslovaquie. Bénéficiant d'un statut d'athlète de haut niveau et donc de six mois de congés payés aux PTT où il travaille à l'entretien du parc des véhicules, l'Auvergnat a méticuleusement préparé sa saison 1982. Claude Michy, futur promoteur du Grand Prix de France, lui fournit directement et indirectement deux TZ 250 qu'il peaufine avec son père et un mécanicien qu'il payera aux points marqués… sans soupçonner en hiver qu'il y en aura beaucoup au moment de faire les comptes ! Il gagne l'épreuve d'ouverture en France, un jour de grève, une course à laquelle Mang ne participe pas, ni les pilotes vedettes de la catégorie 500. Puis il gère de main de maître les 11 GP suivants, ne terminant jamais plus loin que 7ᵉ et montant 8 fois sur le podium. Malgré cela, le « milieu » persistera à ne voir en lui que le premier bénéficiaire de la grève de Nogaro, et Jean-Louis Tournadre, très vite, se résignera à se détourner des paddocks où il ne sentait plus à sa place. Aujourd'hui, après une telle démonstration, il n'aurait que l'embarras du choix pour poursuivre sa carrière.

1984 & 1985

SARRON AU SOMMET

Champion du monde 250 en 1984, Christian Sarron, dès l'année suivante, se mêle à la lutte pour les podiums, face aux pilotes américains et australiens de la catégorie reine.

1

« À HOCKENHEIM, SARRON FAIT SE LEVER COMME UN SEUL HOMME 100 000 SPECTATEURS ÉBAHIS »

2

4

Christian Sarron devient champion du monde 250 en 1984, deux ans d'ailleurs après son « pays », Auvergnat comme lui, Jean-Louis Tournadre. Pour Sarron, c'est une renaissance. Ses débuts dans la deuxième moitié des années 70, sous l'aile protectrice de Patrick Pons – qui avait insisté, alors qu'il était blessé, pour qu'on lui prête ses machines –, ne furent en effet pas toujours des plus faciles, et sa carrière a été ralentie par de multiples blessures, de quoi douter de revenir un jour au meilleur niveau. La mort de Pons en août 1980 aggrave encore les choses, Sarron ne parvient pas à sortir de ce cercle vicieux fait de blessures et de drame. Ce n'est qu'en 1982 que les choses s'arrangent enfin, avec une victoire au Grand Prix de Finlande en 250. L'année suivante, il est vice-champion du monde de la catégorie, puis c'est la consécration en 1984. La décision est prise de monter en 500, où sa précédente tentative ne pas fut concluante. Cette fois, il bénéficie d'une machine officielle. Évidemment dénuées de la moindre assistance électronique, ces motos délivrent leur pleine puissance sur une plage de régime extrêmement réduite. Au milieu des années 80,

1- Victoire historique à Hockenheim où il bat Freddie Spencer, le 19 mai 1985. championnat 500 en 1985. Christian Sarron, en 1989, reçoit ici Helmut Kohl, le chancelier d'une Allemagne pas encore réunifi ée à Hockenheim, où le Français était un peu chez lui puisqu'il y avait gagné en 250 (1977), en 750 (1978) et donc en 500 (1985) !

3

pour un poids de 115 kilos, elles affichent 130 chevaux environ, un rapport qui donne une bonne idée de la difficulté de les maîtriser. Jusqu'en 1992, lorsque le calage de l'allumage dit « Big Bang » les rendra (un peu) plus dociles, ces machines réservées à une toute petite élite laisseront de grands souvenirs à leurs pilotes… et pas mal de fractures aussi. Pour cette raison, et pour le fait qu'il a affaire à une brochette de très grands pilotes durant ses années passées en 500 (de 1985 à 1990), Christian Sarron, confronté à Eddie Lawson, Freddie Spencer, Randy Mamola, Ron Haslam, Wayne Gardner, Kevin Magee, Kevin Schwantz, Wayne Rainey ou Mick Doohan, considère que c'est durant cette période qu'il a été à son meilleur niveau. Il gagne son unique Grand Prix en 500 dès cette première saison en 1985, à Hockenheim, en Allemagne, où il bat Spencer et fait se lever comme un seul homme les 100 000 spectateurs ébahis par cet exploit (il achève aussi cette première saison à la 3e place du championnat). Par la suite, on peut relever ses cinq pole positions signées en 1988, ou sa nouvelle troisième place finale en 1989. C'est le seul pilote européen à tenir tête aux Anglo-Saxons pendant cette période. On saura, bien des années plus tard, qu'il n'a jamais vraiment pu se battre à armes égales avec ses adversaires, que ce soit avec ses machines ou ses pneumatiques. Son mérite n'en est que plus grand.

2- En Autriche, il finit 3e derrière Spencer et Lawson (derrière lui).
3- En 1988, il signera cinq pole positions.

> **« À HOCKENHEIM, SARRON FAIT SE LEVER COMME UN SEUL HOMME 100 000 SPECTATEURS ÉBAHIS »**

SEMPERIT REI
GAULOISES
6
2
1

1985

SPENCER L'ŒUVRE DE SA VIE

Déjà champion du monde 500 en 1983, Freddie Spencer va accomplir deux ans plus tard un exploit unique dans l'histoire des Grands Prix : devenir champion du monde en 250 et en 500 la même année.

1

« VAINQUEUR EN 500, IL DOIT ÉCOURTER LA CÉRÉMONIE DU PODIUM POUR COURIR S'ALIGNER AU DÉPART DE LA 250 »

Quand Freddie Spencer déboule en 1982 dans le paddock pour venir y décrocher le titre suprême de la catégorie 500, il est tout jeune mais compte de très nombreuses années de compétition et encore plus d'années de pratique de la moto derrière lui. Il roule pour Honda depuis deux ans, et le numéro un mondial compte sur lui pour retrouver son lustre perdu suite à son retrait des championnats du monde fin 1967. L'Américain ne traîne pas en route et laisse une première marque dans l'histoire des Grands Prix, avec sa première victoire en 500, sur le circuit de Spa-Francorchamps, à l'âge de 20 ans et 196 jours – le tout, un 4 juillet, jour de fête nationale américaine. Freddie a déjà le sens du symbole. Il s'impose devant l'idole britannique Barry Sheene et l'Italien Franco Uncini, qui sera champion du monde cette année-là. Ce record de précocité est définitif pour la catégorie 500. S'agissant de la catégorie reine, seul Marc Marquez, vainqueur lui aussi dès sa première saison de son premier Grand Prix dans la plus difficile des catégories – en 2013, en MotoGP donc, à l'âge de 20 ans et 63 jours – a fait mieux. La deuxième marque que Spencer laisse pour l'éternité, c'est en 1983, avec son premier titre en 500, à l'âge de 21 ans et 258 jours. Là encore, c'est un record définitif pour ce qui concerne la 500. Et là encore, c'est ce diable de Marc Marquez qui le coiffe, à 20 ans et 266 jours, en tant que plus jeune champion du monde dans l'histoire de la catégorie reine. Après cet exploit, Spencer est invité à déjeuner en petit comité chez Soichiro Honda, très ému de voir enfin s'accomplir son rêve : un titre mondial en 500 avec une moto portant son nom… La troisième marque, en 1985, c'est un pari fou, un défi technique, physique et mental complètement hors normes qu'il relève avec succès : rouler à la fois en 250 et en 500 pour gagner les deux titres la même année. Au GP d'Italie, au Mugello, vainqueur en 500 sous un soleil de plomb, il doit écourter la cérémonie du podium et courir pour s'aligner au départ de la 250, qu'il va gagner (ce sera son premier doublé). Eddie Lawson lui dit : « Better you than me » (« mieux vaut toi que moi »). Une sacrée marque d'estime. À la fin de cette saison extraordinaire, double champion du monde 250 et 500, sa carrière est déjà terminée sans qu'il ne le sache à ce moment-là. Il ne gagnera plus jamais de GP, ni ne montera plus jamais sur aucun podium en championnat du monde. Cramé par ce défi monstrueux.

1- En 1982, en route vers sa première victoire en 500 à Spa (n° 40).
2- En 1983, il est champion du monde devant Roberts.
3- Avec Erv Kanemoto, chef mécanicien de génie.
4- Bénédiction avant le repas célébrant son doublé en 1985.
5- *Moto Revue* pose la question en juin 1985. Deux mois plus tard, la réponse tombera : personne !

1- Autre temps, les freinages étaient tout aussi appuyés qu'en MotoGP mais le style un peu différent.
2 - Freddie Spencer était une véritable star dans le paddock.
3 - Freddie Spencer devient le roi des rois et Kenny Roberts adoube le champion !
4 & 5 - Freddie Spencer trouvera en Kenny Roberts un adversaire à sa taille avec des duels plus qu'épiques.
6 - En prenant part aux courses 250 et 500, et surtout en remportant les courses, Freddie Spencer trustait les podiums dans un même week-end de course.

RACE
MICHELIN
YAMAHA
CHAMPION
GAULOISES
YAMAHA
MICHELIN

1- Un paddock d'une autre ère, pour des pilotes d'une autre trempe peut-être. Une chose est certaine, Freddie Spencer devait être d'une concentration extrême pour sauter d'une 250 à une 500 entre les qualifications et les courses.
2- Freddie Spencer disposait d'une science du pilotage et de la trajectoire hors du commun.

1

2

> « CHAMPION DU MONDE EN 250 ET EN 500 LA MÊME ANNÉE : UN EXPLOIT INÉGALÉ ET INÉGALABLE ! »

1987

GARDNER, ÉTERNEL COMBATTANT

Champion 500 en 1987, Wayne Gardner est le premier Australien à avoir accompli cet exploit, bien avant Mick Doohan. Associé à son tempérament de feu, cet exploit a fait de lui un héros dans son pays.

1

« JE N'AVAIS PAS LE LUXE DE PRENDRE MON TEMPS POUR APPRENDRE (...) JE ME FOUTAIS DE ME FAIRE MAL ! »

2 3

Il avait commencé la course plutôt tardivement, à 18 ans, sur une Yamaha 250 TZR. Selon les standards actuels, c'était déjà un âge canonique (!) pour se lancer dans la compétition. Remarqué par le préparateur japonais Mamoru Moriwaki, qui lui avait confié des motos pour courir en Australie, Gardner allait se distinguer aux 8 Heures de Suzuka en 1981, en signant la pole position devant tous les pilotes officiels. Une pole qui allait lui valoir un guidon pour courir le championnat de Grande-Bretagne en 1982, d'abord sur des Moriwaki, puis sur les Honda de l'importateur britannique en 1983, lequel le fit également débuter en Grands Prix cette année-là, à Assen, aux Pays-Bas. Une journée dramatique pour l'Australien, bien

1- Gardner au guidon de sa NSR 500 en route pour le titre.
2- On l'appelait « Crocodile Gardner ».
3- En 1987, le voilà champion du monde.

involontairement responsable de l'accident de Franco Uncini, le champion du monde en titre, heurté par Gardner en se relevant d'une chute bénigne. Uncini allait s'en sortir (il est aujourd'hui responsable de la sécurité des circuits en Grands Prix), et Gardner se remettre de ses émotions en devenant assez vite un pilier de la catégorie reine. Une quatrième place finale en 1985 lui vaut d'obtenir un guidon de pilote officiel Honda en 1986. Une saison décisive, car Freddie Spencer, champion en titre, doit se résoudre à mettre sa carrière entre parenthèses et à laisser les commandes de l'équipe à son coéquipier australien. Wayne Gardner nous a raconté il y a quelque temps que ses débuts, aussi rapides et impressionnants soient-ils, ont été très difficiles : « J'ai pris le train très tard. Je suis arrivé en Grands Prix avec un déficit d'expérience énorme et j'essayais de compenser comme je le pouvais : avec les "cojones" (pas besoin de traduire !) et ma volonté de faire comme les pilotes que je voyais dans les magazines auparavant. Je n'avais pas le luxe de prendre mon temps pour apprendre, j'ai dû faire mes preuves très rapidement. J'étais même un peu cinglé : je n'avais aucun instinct de conservation, je me foutais de me faire mal ! » Avec l'expérience qui s'accumule, Gardner finit cependant par se calmer (un peu) et en effet, les progrès sont sensibles. En 1984, sur une RS compétition-client, il se classe 7e du championnat du monde. En 1985, sur une NS officielle fournie par Honda Britain, il se classe donc 4e. L'année suivante, officiel Honda Rothmans, il est vice-champion du monde, et enfin, en 1987, il atteint le sommet de sa carrière en s'emparant de la couronne de la catégorie reine. Il restera au top pendant cinq autres années, toujours pour Honda. Mais les blessures (dont deux fractures aux jambes) l'ont contraint à remiser sa cuirasse de combattant fin 1992.

1- Avec le numéro 1, au GP des USA devant Schwantz (n° 34), Rainey (n° 17) et Chili (n° 8).
2- Gardner gagne à Phillip Island le premier GP d'Australie de l'histoire.

17
34
SHOEI
1

1987

MAMOLA, LE "VICE" DANS LA PEAU

De 1980 à 1992, Randy Mamola a régalé le public avec son pilotage acrobatique et sa facilité à établir le contact avec lui. Quatre fois vice-champion du monde 500, sa popularité était énorme.

1

Quinze ans d'omniprésence dans le haut du panier, quatre occasions manquées (parfois d'un rien) de devenir champion du monde mais au bout du compte, 13 victoires en 500 et 57 apparitions sur les podiums de la catégorie reine… et la reconnaissance du « milieu » envers l'un de ses plus brillants représentants, j'ai nommé Randy Mamola. Randy Mamola, c'est déjà un nom qui « claque » comme aucun autre, et le jour où il est officiellement entré au Hall of Fame des MotoGP Legends, quelque chose de très symbolique, un peu comme une Légion d'Honneur, on l'a vu pleurer comme un enfant, submergé par l'émotion, devant tous ceux qui avaient décidé qu'il était des leurs, champion ou pas.

1- Vice-champion du monde en 1984.
2 et 3- Aux côtés de Sarron au Mans en 1987 ou à Assen en 1984.

Un champion sans couronne mais quel pilote ! Débarquant en 1979 en Grands Prix, sur les traces de son aîné Kenny Roberts, Californien comme lui, Mamola n'avait disputé qu'une partie de la saison mais ses performances lui avaient valu d'obtenir un guidon officiel dans l'équipe Suzuki-Heron. Dès 1980, il entre donc dans le gotha en gagnant deux GP et achève, pour sa première saison « pleine », le championnat à la 2e place finale, 15 points derrière Roberts. Il remet ça l'année suivante : deux victoires et la place honorifique de vice-champion, 11 points derrière Marco Lucchinelli. En 1984, Suzuki ayant abandonné la compétition, Mamola se retrouve au guidon d'une Honda officielle après que Freddie Spencer s'est blessé lors du premier GP. Il renouvelle son bail avec la place de vice-champion, cette fois-ci avec 31 points de retard sur Eddie Lawson. Enfin, en 1987, alors qu'il roule sur une Yamaha d'usine au sein de l'équipe Yamaha-Lucky Strike managée par… Kenny Roberts, il signe une

quatrième place de vice-champion, 20 points derrière Wayne Gardner. Il ne fera pas mieux, car par la suite, au cours de ses trois saisons sur Cagiva (de 1988 à 1990) ou de sa dernière année sur une Yamaha aux couleurs de Budweiser (en 1992), son meilleur classement final sera une 10e place en 1992 justement. Entre-temps, Mamola aura eu l'occasion de se singulariser en effectuant des « sauvetages » extraordinaires à deux reprises, en 1985 et en 1992. Et la première fois, ce fut face aux caméras de télévision du GP de Saint-Marin, sur le circuit de Misano. Désarçonné par sa Honda, il se retrouve arc-bouté sur ses bras, les jambes à côté de sa machine, et parvient à remonter dessus après l'avoir suffisamment ralentie ! Une générosité au guidon qui se retrouvera dans la vie, puisqu'après sa carrière, Mamola s'occupera de monter, avec sa fondation Riders for Health, tout un réseau d'assistance médicale en Afrique, grâce à des fonds finançant l'achat et l'entretien de motos pour que les docteurs puissent accéder aux villages les plus reculés des pays concernés.

1- Dès sa première saison en 500, Mamola gagne deux GP, dont celui de Grande-Bretagne.
2- En 1988 sur Cagiva. Mamola est le seul à avoir signé des podiums sur quatre marques différentes.

« RANDY MAMOLA, UN CHAMPION SANS COURONNE, UN IMMENSE PILOTE ADOUBÉ PAR SES PAIRS »

1988

SARRON, PRÉNOM DOMINIQUE

Plus jeune de quatre ans que son frère Christian, Dominique Sarron a réalisé une superbe carrière, réussissant à briller aussi bien en endurance qu'en Grands Prix vitesse.

1

2

Né quatre ans après son frère Christian, Dominique, on s'en doute, a dû avoir envie d'imiter très tôt son aîné, parti tenter l'aventure de la compétition moto à l'âge de 20 ans. On imagine en revanche sans mal le stress de leurs parents, dans une situation qui n'est pas si fréquente que cela en vitesse, les derniers en date n'étant autre que les frères Marquez, qui viennent il y a quelques semaines de rééditer leur exploit d'être tous les deux champions du monde la même année (Marc en MotoGP et Alex en Moto2 ; en 2014, Marc avait déjà remporté le titre MotoGP, tandis qu'Alex s'était imposé en Moto3)… Mais du côté de l'Auvergne natale des frères Sarron, les choses ne se sont pas déroulées tout à fait de la même façon. Christian, qui

3

1- Capable de briller en endurance et en vitesse, Dominique Sarron est ici en passe de gagner le deuxième de ses 7 Bol d'Or, en 1983.
2 et 3- En 1988, il gagne les GP d'Italie et du Brésil, achevant la saison à la 4e place finale en 250.

n'avait pourtant commencé la compétition que quatre ans plus tôt, est déjà un pilote de GP confirmé lorsqu'il offre en 1979 à Dominique une Honda CB 400 pour participer au Challenge Honda, remporté par le petit frère. Ce qui lui ouvre les portes des Coupes de France Promosport et, dans la foulée, de l'équipe Honda managée par Jean-Louis Guillou en endurance.

Dès sa première saison, en 1981, Dominique, associé à Jean-Claude Jaubert, gagne le Bol d'Or. Une belle entrée en matière à 21 ans. Mais s'il s'impose de nouveau en 1983 sur l'épreuve reine de l'endurance, toujours au sein de l'équipe officielle Honda (et cette fois avec comme coéquipiers les pilotes de Grands Prix Raymond Roche et Guy Bertin), ce n'est qu'en 1985 qu'il fait ses débuts en GP. Intégré à l'équipe débutante Tech3 – laquelle ne porte pas encore ce nom mais est déjà dirigée par Hervé Poncharal. Un an plus tard, il gagne son premier GP et réussit à se classer 3e du championnat, après être monté sur quatre podiums. Cette même année 1986, il gagne de nouveau le Bol d'Or et, cerise de poids sur ce superbe gâteau, les très prestigieuses 8 Heures de Suzuka, associé à Wayne Gardner himself. Dominique brillera simultanément en Grands Prix 250 et en endurance deux saisons de plus : 4e au championnat 250 avec une victoire et vainqueur du Bol d'Or et des 24 Heures du Mans en 1987, il achève la saison 1988 à une nouvelle 4e place finale en GP 250 après avoir remporté deux courses et remis ça au Bol d'Or.

En 1989, son passage en 500

sur une machine extrêmement difficile à maîtriser sera un échec, et il donnera dès lors la priorité à l'endurance, où un nouveau succès à Suzuka et un total de 7 victoires au Bol d'Or feront de lui un grand bonhomme de la spécialité. Le point final symbolique de ce parcours fraternel sera bien sûr la victoire sur Yamaha des deux frères Sarron, associés au Japonais Yasutomo Nagai, en 1994…

1- Dominique Sarron mène la course devant son frère champion du Monde.
2 - Autre course, autre défi, les frères Sarron ne sont plus adversaires mais coéquipiers pour la victoire en Endurance.
3 - Dominique et sa Honda 250 NSR en 1987.
4- *Moto Revue* mettera toujours à l'honneur les performances des Sarron, Christian comme Dominique.

WORLD CHAMPIONSHIP GRAND PRIX
Beba
Coca-Cola
Coke
MARCAS REG.
Shell
Rothmans
HONDA
MICHELIN
Campsa
HONDA
SONY
DUCADOS
HONDA
1

5

1989

LA CONSTANCE DE LAWSON

Personnage plutôt introverti, Lawson a construit sa carrière avec beaucoup d'application et de talent. Quatre titres et 31 victoires en 500 ont récompensé ce travail d'orfèvre.

1

Ses compatriotes le surnommaient « Steady Eddie », Eddie le stable, le régulier, le constant, le pilote qui ne tombe jamais, sous-entendu prévisible, un peu ennuyeux sur les bords, enfin pas le genre de mec qui va, comme Mamola, vous faire claquer une série de pétards une fois la soirée bien avancée dans le paddock, ou jouer avec la voiture de location jusqu'à se retrouver dans un canal aux Pays-Bas à devoir s'extirper du véhicule sous peine d'y rester (histoire authentique dans laquelle se trouvèrent mêlées des stars de l'époque dont nous tairons le nom ici). Non, avec Eddie Lawson, aucun danger de « partir en vrille », façon star de rock pulvérisant le décor de la suite de son Hilton. Eddie était, disons, plus mesuré dans ses élans émotionnels, et il gardait son énergie pour la course, où il valait mieux avoir les idées claires pour tirer le meilleur de sa machine au moment de faire claquer les résultats qui ont fait de lui rien de moins qu'un quadruple champion du monde 500 (il a aussi gagné 31 Grands Prix). Ses débuts en Grands Prix, en 1983, avaient été compliqués. Il était, comme ses compatriotes, passé par le dirt-track, puis s'était affirmé en vitesse en remportant deux titres en Superbike sur Kawasaki. Mais les GP, en 500, c'était un autre monde. Kenny Roberts l'avait pris sous son aile, l'avait aidé à apprendre les circuits, à apprivoiser ces machines réservées à une toute petite élite. Roberts qui dira à son propos que cette première année en championnat du monde, c'était « comme l'envoyer dans le mur, car en même temps, j'étais au sommet et Freddie

1- En chasse derrière Spencer l'extraterrestre, l'année de son doublé 250/500.
2- Champion sur Yamaha en 1988, Lawson conserve son titre sur Honda un an plus tard.
3- 3- Kevin Schwantz sera l'un des opposants de Lawson.

1- Schwantz ou Sarron, des adversaires de taille XXL pour Lawson sur sa Yamaha.
2- Son passage chez Yamaha ne l'empêche pas d'être champion.
3- Avec le numéro 1 sur la Honda NSR.
4- Lawson sur le podium de Jerez.
5- La première année en catégorie 500, ici lors du GP d'ouverture en Afrique du Sud, en 1983. Lawson est cornaqué par Roberts (au deuxième plan).

(Spencer) aussi ». Dès 1984, Roberts parti à la retraite, Spencer blessé et ne disputant pas la totalité de la saison, Lawson devient champion du monde. En 1985, face à un Spencer « en mission », qui double les titres 250 et 500 pour la première et unique fois de l'histoire des Grands Prix, Lawson ne peut rien faire. Et puis Spencer disparaît de la scène, Lawson doit contenir les assauts de Wayne Gardner en 1988 puis de son ancien coéquipier chez Kawasaki US, Wayne Rainey, en 1989, alors qu'il est passé sur une Honda extrêmement difficile à mettre au point. Il est le premier à enchaîner deux titres mondiaux avec deux marques différentes. Il finira sa carrière sur Cagiva, à qui il offrira sa première victoire en 1992. Eddie Lawson est resté au top pendant dix ans, à une époque où les 500 avaient une fâcheuse tendance à écourter les carrières de leurs pilotes.

5

1984

ROCHE, PRÉCURSEUR ET CHAMPION

Seul pilote français à avoir été officiel Honda, Yamaha et Cagiva en GP 500, 1er tricolore à causer d'égal à égal avec les stars US en catégorie reine, Raymond Rochee, double champion du monde (endurance et WSBK), a traversé la décennie tout en haut de l'affiche.

1

L'histoire de Raymond Roche en GP, pilote privé sur une Yamaha en 1980, il rejoint Patrick Pons au sein du team Sonauto pour remplacer Dominique Sarron blessé. Après cette pihge, il passe sur une Suzuki RG pour la saison 81, tout en faisant l'endurance avec Kawasaki, avec au bout un titre de champion du monde. Passer d'une 500 2-temps, à une 1000 cm^3, 4-temps, est un exercice qui ne pose aucun problème à Raymond Roche. Il accède au plus haut niveau en 500 cm^3 en 1983, en étant officiel Honda en GP et en Endurance. Il affronte des légendes comme Freddie Spencer et Eddie Lawson, décrochant plusieurs podiums et terminant troisième du championnat en 1984. En 1985, retour chez Yamaha avec Agostini et Carrthers aux côtés de Lawson. Après un nouveau passage chez Honda, il signe en 1988 chez Cagiva au côté de Mamola. Avec de belles performances, c'est en Superbike que Raymond Roche trouve son apogée sportive. En 1990, il rejoint l'équipe officielle Ducati et remporte le championnat du monde Superbike, devenant ainsi le premier Français à décrocher ce titre prestigieux.
Sa maîtrise de la Ducati 851 et son style de pilotage agressif lui valent une reconnaissance internationale. Sa régularité et son intelligence de course sont des atouts qui lui permettent de rivaliser avec les meilleurs pilotes de l'époque.

1- Podium du Grand Prix d'Italie avec Spencer en 1984. 2 et 3- En piste sur la Cagiva 500 en 1989 et en 1990.

- 1957 : naissance à Ollioules (83), le 21 février
- 1971 : premier 2-roues (Malaguti 50)
- 1973 : première moto (Yamaha 350 R5)
- 1973 : permis de conduire
- 1976 : premier GP au Mans (250)
- 1980 : remplace Sarron chez Yamaha Sonauto
- 1981 : champion du monde d'Endurance avec Lafond chez Kawasaki
- 1982 : Suzuki privée en 500, Honda officielle en endurance
- 1983 : coups d'éclat en GP 500 avec une RS 500. Victoire au Bol d'Or
- 1984 : 3e du championnat GP500 avec une NS 500 derrière Lawson et Mamola
- 1985 : officiel Yamaha avec Lawson, team dirigé par Agostini
- 1986 : team support Honda Rothmans dirigé par Katayama
- 1987 : official Cagiva Bastos avec De Radiguès
- 1988 : officiel Cagiva avec Mamola
- 1989 : quelques GP 500 avec Cagiva et officiel Ducatoi en Superbike 1990 : champion du monde Superbike avec Ducati
- 1991 et 1992 : vice-champion du monde de Superbike

1 & 2- Raymond Roche
sera champion du Monde
sur la Ducati en Superbike.
3 & 4- Pilote Honda, en 1983,
il se bagarre
avec les plus grands.

4

TOTAL
HONDA
HONDA
HONDA
R. ROCHE
TOTAL
TOTAL
PRO-LINK
MICHELIN

1

2

3

1- Avec Kawasaki il est champion du monde en endurance en 1981 (ici poussé par Serge Rosset, le boss de l'équipe.
2- En Superbike, il sera champion du monde de Superbike.
3- Bol d'Or 1980, Raymond Roche est chez Yamaha, on le voit ici (de gauche à droite) de Hubin, Bertin, Huguet (de dos), Baldé et Léon.
4 & 5- Sur la NS 500, il va se battre en 1984 avec Mamola notamment et terminer à deux dixièmees derrière le pilote américain lors du GP d'Assen.

4

5

OFF

ROAD !

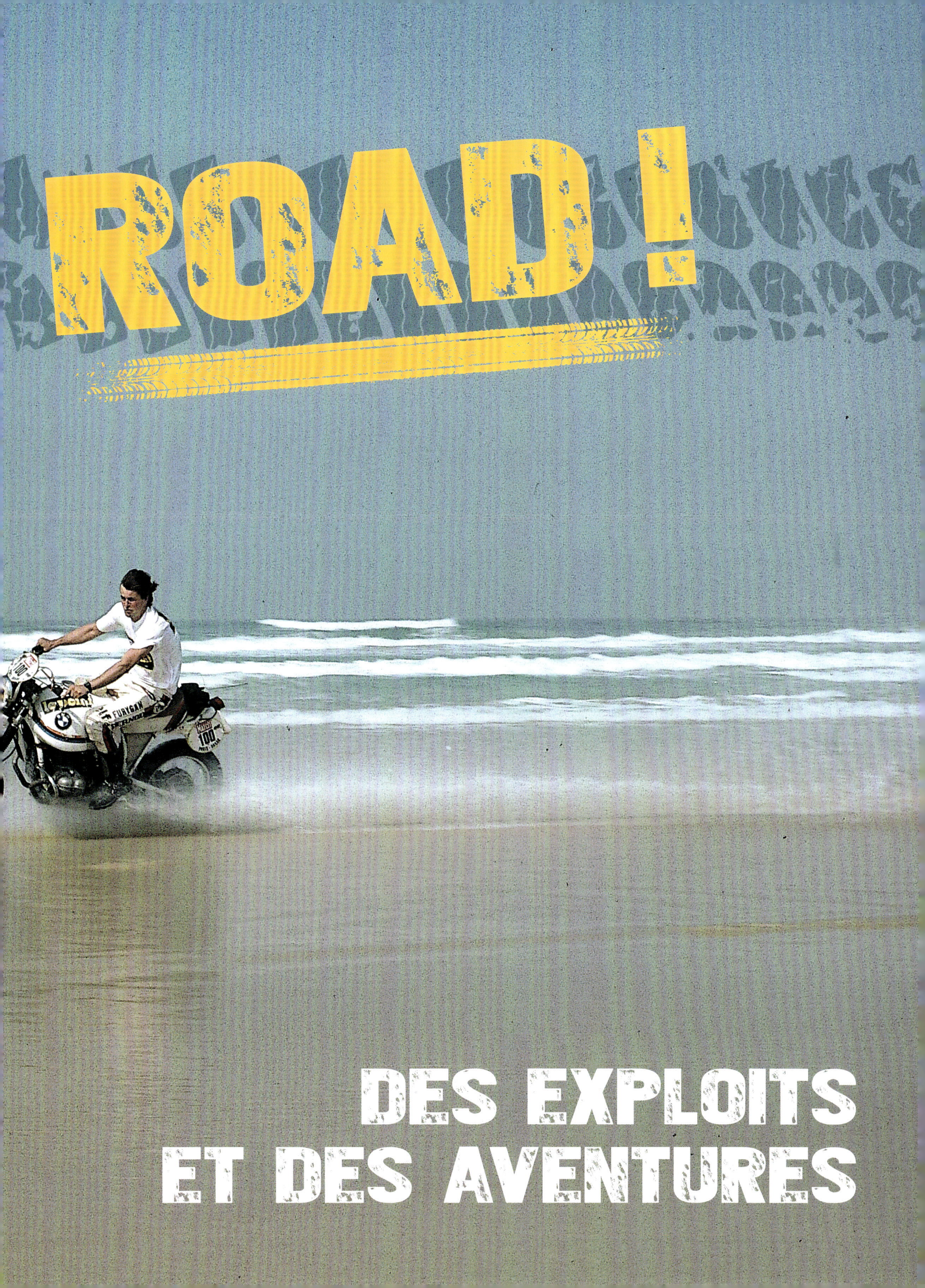

DES EXPLOITS ET DES AVENTURES

1980

SUPERBIKERS À CARLSBAD

La deuxième édition du Superbikers, organisée par la chaîne ABC, rassemble des pilotes de vitesse comme Roberts, Lawson ou les crossmen Malherbe, Wise ainsi que des pilotes de dirt-track. Le but ? Élire le meilleur des meilleurs !

1- Sur le podium, de gauche à droite, Eddie Lawson, qui gagnera l'épreuve en 1983 et 1985, Steve Wise, qui remettra ça en 1981, et André Malherbe, qui remportera deux autres titres mondiaux en MX 500.

2

3

4

Carlsbad, au sud de Los Angeles, est une ville de Californie bordant l'océan Pacifique, où vivent à l'époque environ 50 000 personnes. Dans les terres, un circuit de motocross accueille le Grand Prix 500 des USA depuis 1973. Près de là, il y a aussi une piste de dragster. En 1979, la chaîne de télévision ABC organise pour son émission Wide World of Sports (« Le grand monde des sports ») un Superbikers, que l'on peut traduire par « supermotards ». L'idée est relativement simple : tracé en partie sur le bitume de la piste de dragster et dans les collines environnantes, un circuit mixant asphalte et terre offre un cadre d'expression varié censé déterminer « qui est le meilleur des meilleurs » des pilotes invités par la chaîne. Des représentants des trois disciplines majeures s'alignent sur des machines de leur choix, qui seront très vite majoritairement des 500 cm³ de motocross spécialement préparées pour cette épreuve hors de tout championnat, mais qui attire près de 30 millions de téléspectateurs. Les importateurs des principales marques engagent donc leurs meilleurs pilotes et si c'est le crossman Kent Howerton qui s'est imposé en 1979, la deuxième édition, organisée en octobre 1980, réunit côté motocross des pilotes comme le Belge André Malherbe (champion du monde 500), Howerton bien sûr, mais aussi Broc Glover (champion US 125), Mike Bell (champion Supercross US), Jeff Ward (futur septuple champion US) ou le Suédois Hakan Carlqvist (champion du monde 250 en 1979). Côté dirt-track, Randy Goss, Wayne Rainey (eh oui), et côté vitesse, rien moins que Kenny Roberts, Freddie Spencer, Eddie Lawson ou Dave Aldana. C'est pourtant Steve Wise, pilote de motocross et officiel Honda, qui gagne ce deuxième Superbikers devant Malherbe et Lawson. Roberts a cassé le moteur de sa Yamaha, Howerton a fini 4ᵉ devant Aldana et Carlqvist. Wise remettra ça en 1981, puis passera à la vitesse, avant de se reconvertir comme… pasteur évangéliste dans son Texas natal, et Lawson s'imposera sur Yamaha en 1983 et en 1985. Pour la dernière édition de ce Superbikers qui inventa le concept de supermotard…

2- Départ de la finale où l'on reconnaît Carlqvist (n° 10), Roberts (n° 2), Malherbe (n° 7), Spencer (n° 8), Howerton (n° 1), Goss (n° 13), Wise (n° 9), Rainey (n° 60) et Lawson (n° 21) tout à droite.
3- Randy Goss, le champion AMA Grand National sur sa Harley de dirt-track.
4- Kenny Roberts, comme vous ne l'avez pas souvent vu.

À CAROLE EN 1981

Calqué sur le modèle du Superbikers américain, ce Supermotard, organisé sur le circuit Carole durant l'hiver 1981, se déroule donc de la même manière, à savoir que des courses qualificatives réunissant les pilotes « par discipline » mènent ensuite à une finale où les meilleurs se retrouvent. À Carole, les 500 deux-temps de motocross font la loi, et c'est d'ailleurs un ancien crossman, Serge Bacou (photo), officiel Sonauto Yamaha, qui gagne devant son patron, Jean-Claude Olivier. Il y aura d'autres éditions du Supermotard sur le circuit francilien, avant qu'un championnat de France soit créé en 1998 (premier lauréat : Laurent Pidoux, sur Husqvarna).

1, 2 & 3- Les plus grands pilotes US comme Roberts (n°2) ou Eddie Lawson (n°21) étaient à la fête.

2

3

1984
LE SUPERCROSS DE PARIS

C'est en mars 1984 que le premier Supercross de Paris, organisé au Palais omnisports de Paris-Bercy, met le feu à la capitale et prend immédiatement la dimension des grands événements.

1

2

Cette aventure débute par un beau jour de fin d'été 1983. Depuis trois ans, les spécialistes du motocross des magazines moto des Éditions Larivière multiplient les reportages aux USA, où le phénomène Supercross bouleverse la hiérarchie mondiale. Formés par cette variante extrême du motocross, les pilotes américains, deux ans plus tôt, ont ainsi entamé une série de victoires au Motocross des Nations – l'équivalent « crossiste » de la Coupe Davis – qui durera treize ans. Invités à déjeuner par Serge Pozzoli, leur directeur général, deux représentants des rédactions de *Moto Revue* (Éric Glain, le rédacteur en chef) et *Moto Verte* (Éric Breton, rédacteur en chef adjoint) grimpent dans la Rolls du boss, en direction d'un restaurant parisien où il a ses habitudes. Ils rejoignent tous les trois un ami de Pozzoli, Andy Dickson, fils d'un Américain venu vivre à Paris dans les années 30 pour y organiser des combats de boxe. Dickson Junior et Pozzoli sont copains depuis qu'ils ont couru ensemble dans des compétitions de stock-car, après la guerre. Et Dickson est devenu responsable de la programmation sportive du futur Palais Omnisports de Paris-Bercy, encore à l'état de chantier. Après le déjeuner, les quatre hommes s'y rendent d'ailleurs et au cours de la visite, on pose cette question à Glain et Breton : « Qu'est-ce que vous verriez comme course de moto ici ? » La réponse fuse : « Un Supercross ! » Les mois passent (vite) et les 14 et 15 mars 1984, le miracle se produit. Le premier Supercross de Paris s'invite dans la capitale, en pleine semaine (la course a lieu un mercredi et un jeudi), les deux soirs sont « sold out », le marché noir fait rage devant le POPB. Au cours des deux soirées, l'effet « chaudron magique » et la proximité d'un public chauffé à blanc donnent une dimension de

3

1- La piste et les peluches des lions du Crédit Lyonnais dont Johnson tapait la queue (sic) pour allumer le public.
2- Bailey atomise la concurrence au guidon de sa Honda d'usine spécialement envoyée depuis Los Angeles.
3- La couverture du *Moto revue* qui met en avant le Supercross.
4- L'affiche officielle de la première édition.

4

rock stars à des pilotes qui n'ont jamais été supportés de la sorte. L'association entre une équipe de journalistes, les équipes techniques du Palais Omnisports de Paris-Bercy et l'entrepreneur de travaux publics mandaté pour réaliser la piste en un temps record fonctionne à merveille, et le palmarès grave en lettres d'or les noms de David Bailey (Honda), Johnny O'Mara (Honda) et Ricky Johnson (Yamaha) pour le podium final. Ce sont tout simplement les meilleurs pilotes du moment. Bailey est champion SX en titre, O'Mara le sera quelques semaines après, tandis que Johnson deviendra numéro 1 US deux ans plus tard. Sur l'élan généré par le Supercross de Paris, un championnat de France de la spécialité naîtra en 1987, et une génération de pilotes français emmenée par Jean-Michel Bayle rivalisera avec les meilleurs pilotes américains, JMB allant même les battre chez eux en 1991.

1- Superbe quatuor de pilotes US avec (de g. à d.) Bailey, Johnson, O'Mara et Glover.
2- Il a gagné son deuxième SX de Paris en décembre 1986. Un mois plus tard, une chute le laissera paraplégique.
3- David Bailey, le champion US en titre, remporte la première édition du Supercross de Paris.
4 et 5- Les deux pilotes US feront le show dans l'antre de Bercy.

4

5

1986

LA MORT DE THIERRY SABINE

Plus de 35 ans après la disparition de Thierry Sabine, le Dakar, sous une autre forme et sur d'autres continents, continue sa route. Et c'est le plus bel hommage qu'on pouvait lui rendre.

1

La huitième édition du Rallye Paris-Alger-Dakar aura été particulièrement dure, impitoyable même et alors que l'on approche de l'arrivée, tout le monde est épuisé par les kilomètres, le manque de sommeil, la piste et la poussière. Le 14 janvier 1986, le vent de sable s'est levé dès le matin et ajoute de l'angoisse au départ de l'étape qui doit arriver à Gourma Rharous, au Mali. Cyril Neveu, au guidon de sa Honda NXR 750, est en passe de gagner pour la quatrième fois et il est appuyé pour cette fin d'épreuve par son coéquipier Gilles Lalay, solidement installé en seconde position. Ce 14 janvier, Thierry Sabine embarque dans son hélicoptère le chanteur Daniel Balavoine (très impliqué dans une opération humanitaire consistant à installer des puits dans des villages), et en partage les commandes avec le pilote François-Xavier Bagnoud. Jean-Paul Lefur, le technicien radio, et Nathalie Odent, envoyée spéciale du Journal du Dimanche, se trouvent également à bord. Alors que le crépuscule s'avance et que la visibilité déjà médiocre devient critique, après s'être posé auprès d'un concurrent automobile pour demander à ce qu'il prévienne son équipe et qu'on vienne les chercher, l'hélicoptère de Thierry Sabine redécolle pourtant et suit les feux arrière de la voiture, dans le vent de sable et la pénombre. Et puis c'est l'accident. Les témoins de la scène évoqueront « une boule de feu ». L'hélicoptère a probablement accroché une butte de terre avec ses patins. La mort des cinq occupants est instantanée. Il ne reste que quelques morceaux de l'épave, des corps calcinés, quand le lendemain matin, à l'aube, la nouvelle du drame est confirmée. Le rallye s'achève en quasi-procession. Le cœur n'y est plus. En France, le choc est immense. Thierry Sabine, qui en quelques années a monté et

1- L'hélicoptère dans lequel il a trouvé la mort.
2- Thierry Sabine partageait souvent les commandes de son hélicoptère avec le pilote.
3-La couverture annonçant le drame.
4- Sabine félicite Hubert Auriol pour sa deuxième victoire en 1983.

organisé l'Enduro du Touquet, la Croisière Verte et le Paris-Dakar, était le personnage médiatique le plus important du monde de la moto dans l'Hexagone. Il était parfaitement en phase avec son époque, où il y avait une certaine tolérance vis-à-vis du risque, une énorme demande d'évasion et d'aventure, à laquelle il répondait avec les épreuves qu'il avait conçues. D'année en année, le gigantisme du Paris-Dakar menaçait de l'engloutir mais Sabine avait l'envergure et tenait fermement la barre de son navire. Statistiquement, il se rapprochait du gros pépin mais on avait fini par le croire immortel. Il avait cependant imaginé un code radio pour ses équipes, à relayer en cas d'accident fatal : « Le pire est arrivé. » Le 14 janvier 1986, le pire est effectivement arrivé.

1-Les briefings matinaux de celui qu'on surnommait « Dieu ».
2-Il avait la gueule de l'emploi.
3- Départ des concurrents place de la Concorde en 1984.
4 - L'hélicoptère permettait de suivre la course au plus près.
5 - Thierry Sabine aura marqué de son empreinte la course moto avec cette touche d'aventure et d'épopée.

NASA
électronique
8e RALLYE PARIS-ALGER-DAKAR
vsd
5

1986 & 1988-1989

VIMOND ET JMB, CHAMPIONS DU MONDE

Si Jacky Vimond, titré en 250 en 1986, a ouvert la voie du succès au motocross français, Jean-Michel Bayle, champion 125 en 1988 et 250 en 1989, accomplira pour sa part une carrière éclair s'achevant par un triplé historique aux USA au début des années 90.

1

« EN 86, VIMOND ÉCRASE LA CONCURRENCE ET DEVIENT LE PREMIER FRANÇAIS CHAMPION DU MONDE DE MOTOCROSS »

1, 2 et 4- Un look d'enfer pour le premier pilote français sacré champion du monde de motocross.
3 - Jacky Vimond est titré alors qu'il reste deux GP à disputer. La France est sous le charme.

Avant que Jacky Vimond ne parvienne au plus haut niveau, avant qu'il n'ouvre la voie à des successeurs s'appelant Jean-Michel Bayle, Sébastien Tortelli, Frédéric Bolley, Mickaël Pichon, Mickaël Maschio, Yves Demaria, Christophe Pourcel, Pierre-Alexandre Renet, Marvin Musquin, Jordi Tixier et enfin, Romain Febvre (tous devenus champions du monde de motocross au moins une fois entre 1988 et 2015), avant que la France ne signe pas moins de six victoires au Motocross des Nations, cette Coupe Davis de la discipline, le motocross français avait mis longtemps à s'aventurer hors des frontières de l'Hexagone. Le championnat de France et les très nombreuses épreuves internationales organisées dans nos frontières suffisaient au bonheur des pilotes tricolores. Le premier déclic fut signé par Daniel Péan, vainqueur sur Maico du Grand Prix de Yougoslavie 250 en 1977. Puis Jean-Jacques Bruno remporta sur KTM le Grand Prix d'Allemagne 500, la catégorie la plus prestigieuse à l'époque, en 1979. Un an plus tard, il était, avec Suzuki, le premier Français à signer un contrat de pilote officiel avec une usine japonaise. Il gagnera deux nouveaux GP et intégrera le Top 5 final (en 1981) avant de décliner à cause de blessures aux genoux. Entre-temps, Jacky Vimond, pris en charge par Sonauto Yamaha comme Pons et Sarron en vitesse, progresse lentement, d'abord en 125, puis son passage en 250 cm^3 fait de lui un candidat au titre mondial dès 1984 (vice-champion du monde) ; c'est la première fois que les Français peuvent rêver à une telle consécration pour un de leurs pilotes, mais Vimond, tout de rose équipé, passe à deux doigts du titre mondial en 1985, de nouveau battu par l'Autrichien Heinz Kinigadner – lequel s'attendait tellement peu à ce dénouement qu'il avait fait faire, par son père pâtissier, un gâteau à la gloire du Français pour célébrer son couronnement ! Ce n'est que reculer pour mieux sauter, car en 1986, bénéficiant de l'aide de Dean Miller (le préparateur physique du team de Kenny Roberts en vitesse), entraîné comme le véritable professionnel qu'il est à présent devenu, Jacky Vimond écrase la concurrence et devient le premier Français champion du monde de motocross. On connaît malheureusement la suite de l'histoire, cette soirée organisée au cabaret parisien Le Paradis Latin pour célébrer son titre qui tourne au drame : alors qu'il doit descendre sur sa moto depuis le plafond de la salle, le câble retenant l'avant de la machine, mal fixé, provoque la chute du champion du monde, au milieu de 300 invités, huit mètres plus bas. Miraculé (il ne souffre « que » de fractures d'une omoplate, de côtes et d'une vertèbre lombaire sans déplacement, ainsi que d'un traumatisme crânien), il reprendra la compétition (renonçant implicitement à un jackpot financier pour compenser les séquelles de son accident en cas de retraite sportive forcée), gagnera même un GP en 500, mais devra stopper sa carrière en 1990, miné par d'insupportables douleurs dorsales.
À ce moment-là, Jean-Michel Bayle compte déjà deux titres mondiaux à son palmarès. Pilote officiel Honda, il a

peaufiné sa technique de pilotage en accumulant des centaines d'heures d'entraînement sur tous les types de circuit, et surtout en Supercross, car il rêve d'Amérique. Dès 1987, il peut prendre la mesure de ses progrès au Supercross de Paris, où il se frotte aux deux meilleurs pilotes américains, Ricky Johnson et Jeff Ward. Deux ans plus tard, il a déjà posé un pied aux États-Unis en disputant là-bas le début de la saison avant de revenir en Europe s'emparer du titre mondial 250, puis de repartir achever cette année 1989 aux USA. Jean-Michel Bayle, qui passera les trois années suivantes aux USA, réalisera un triplé mémorable en 1991 en décrochant, dans l'ordre, le titre suprême en supercross, puis en ajoutant sur son élan les deux titres en jeu en motocross, d'abord en 250 puis en 500 cm^3. Personne n'avait jamais réussi cela avant lui, personne ne sera jamais capable de le faire après lui. Et Jean-Michel Bayle reste le plus grand pilote que le motocross français a jamais connu.

1- Avec le nuémro 3 lors de sa saison 1988 en pleine concentration.
2- JMB et son mythique numéro 111.
3- En 1989, JMB double la mise avec le titre 250, avant de s'exiler aux USA où il massacrera la concurrence en 1991.
4- Bayle en 1988, année de son titre mondial 125.

« EN 91, JMB DÉCROCHE LES 3 TITRES AUX USA : SX 250 ET MOTOCROSS 250 ET 500. DU JAMAIS VU ! »

4

1985-1989

LALAY OUVRE LA VOIE

En enduro, comme en rallye, le « Grand » a souvent été leader dans les années 80. Et pas seulement sur la feuille de résultats.

1

Pendant toute la décennie 80, Gilles Lalay restera en haut de la hiérarchie mondiale. Et pas seulement en enduro. L'histoire du « Grand » débute en 1980 dans l'ultime spéciale de l'Enduro de Beaune. Alors jeune officiel SWM en 125 national, Gilles se bat contre une grosse pointure que tout le monde donne champion avant l'heure : Yannig Kervella (KTM). Mais dans l'enfer de Beaune, c'est Lalay qui va marquer le milieu. En remportant cette épreuve dantesque bien qu'ayant poussé sa moto pendant 1 km (embrayage *out*) et en marquant les esprits surtout. À la surprise générale, il sera champion en 80 mais très vite, c'est bien lui qui va devenir l'épouvantail de la discipline. Les titres ne feront même que s'empiler après ce coup d'éclat. 125 inter (SWM) en 82 et 83 (année où il signe aussi une incroyable 2e place scratch aux ISDE derrière Sven Erik Jönsson), sans parler d'une 2e place au Touquet derrière Van der Ven mais avec une 250 (personne n'a refait ça depuis), 250 inter (KTM) en 84. Puis Gilles passe chez Honda en 1985 et c'est la première fois qu'un top enduriste se lie avec un constructeur japonais à une époque où les machines européennes dominent outrageusement la discipline dans toutes les catégories. Il sera encore n° 1 français cette année-là et signera le scratch individuel aux ISDE en Espagne. Puis Lalay ira se tester en Afrique où il s'imposera également. Vainqueur de la Djerba 500 en 1984 pour son premier rallye africain (avec une KTM 600 4-temps), triple vainqueur du Rallye de l'Atlas (86, 87 et 89) et bien sûr, vainqueur du Dakar en 1989 avec la fabuleuse Honda NXR 750 100 % HRC. En 1992, alors qu'il participe à son ultime Dakar à moto, le rallye traverse le continent africain jusqu'au Cap. Le 7 janvier, Gilles se fait percuter en liaison par une voiture de médecins qui remonte la piste à contresens. Il meurt sur le coup. Il nous laisse des souvenirs par milliers et une course magique, « La Gilles Lalay Classic », premier enduro extrême qui remportera un succès colossal dans son Limousin d'adoption.

Premier Français vainqueur au scratch des ISDE (en 1985), Lalay a toujours brillé en enduro mondial (1) avant de s'imposer en Afrique, notamment au Dakar, qu'il remporte en 1989 (2). 3 et 4- Spécialiste de l'Enduro le grand Gilles a marqué de son empreinte les terres françaises.

1

Rothmans
HONDA
MOTUL
MICHELIN
PIONEER
100

2

82
MOTUL
CADRE ROUGE
HONDA
MOTUL
82
MICHELIN

3

1, 2 et 3- Gilles Lalay sur les pistes d'Enduro ou du Dakar au guidon de ses Honda.

1990

DES ZONES SOUS LES SPOTLIGHTS

L'idée germe dans les années 80 de faire rentrer les zones de trial à l'intérieur. Alors que la décennie vient de se refermer, le mois de février 1990 accueille le Trial Masters dans l'antre du SX.

1, 2 et 3- Le Palais des sports de Bercy devient l'antre du trial avec des zones multiples fait de palettes ou tubes de ciment pour que les funambules de la discipline émerveillent les spectateurs venus en masse.

Le trial indoor n'est pas né à Paris, mais il a bénéficié d'une mise en lumière exceptionnelle au Palais Omnisports de Bercy, six ans après le succès du supercross. Ce fut une manière de sortir la discipline des sous-bois, quitte à la rendre toujours plus élitiste.

À peine inauguré, le POPB tremble sous les accélérations de quelques extraterrestres américains venus faire une démonstration dans la Capitale. Nous sommes en 1984, et la moto laisse une empreinte historique sur Bercy. Six ans plus tard, après l'émergence des champions français et le développement de l'indoor en France, le trial s'impose à son tour à Paris. Et quel pari ! Réunir près de 10 000 spectateurs dans une enceinte habituée au bruit et à la vitesse pour assister à un spectacle marqué par le silence quasi monacal qui précède les mouvements précis d'une poignée d'artistes en collants fluorescents.

Le trial devient une chorégraphie millimétrée, où des pilotes virtuoses exécutent des figures d'équilibre insensées. La version « indoor » apporte une dimension moderne et visuelle à la discipline grâce à des zones thématiques élaborées. Bercy accueille la crème mondiale du trial, à l'exception de Thierry Michaud, gravement blessé quelques semaines plus tôt à Toulouse (fracture tibia-péroné).

À l'origine de cet événement, on retrouve Christian Vignes, journaliste à *Moto Verte* et spécialiste du trial. « La Grappe » bénéficie d'un écrin somptueux, qualifié de « chaudron magique », offrant une charge émotionnelle unique, à l'image de ce que proposent Tokyo, Milan ou Barcelone. Si l'on a pu se passer des 3000 m^3 de terre nécessaires au supercross, il a fallu acheminer 110 tonnes de rochers, 0 tonnes de buses, 300 traverses de chemin de fer et 450 palettes pour aménager six zones, soigneusement dessinées avec une demi-tonne de peinture.

Les obstacles permettent des sauts spectaculaires, exigeant une technique de pilotage aérienne et précise sur des motos capables d'encaisser des franchissements vertigineux. Plus de 11 000 spectateurs, un quasi-record, sont bluffés par la maîtrise des pilotes.

Le spectacle, particulièrement adapté à la télévision, bénéficie de reportages dans les grands médias qui mettent en valeur cette discipline captivante. Philippe Horville résume cette réussite en déclarant : « Une présentation dans un écrin somptueux pour une discipline habituellement confidentielle et cantonnée aux sous-bois. » Cependant, l'indoor confère au trial, moto verte par essence, une image élitiste qui dénature ses valeurs initiales et finit, paradoxalement, par marginaliser sa pratique.

1

2

3

1,2 et 3- Palettes, tubes de ciment, rampes taguées serviront d'obstacles aux funambules du trail.

PHOTOS

Archives Editions Lariviere

Bruno Sellier

Achevé d'imprimer en juillet 2025 par NCPrinting en Chine